中国古典名著译注丛书

孙子译注

李 零 译注

中华书局

图书在版编目(CIP)数据

孙子译注/李零译注. —2 版. —北京:中华书局,2009. 8
(2023.6 重印)
(中国古典名著译注丛书)
ISBN 978-7-101-06929-7

Ⅰ. 孙… Ⅱ. 李… Ⅲ. ①兵法-中国-春秋时代②孙子兵法
-译文③孙子兵法-注释 Ⅳ. E892.25

中国版本图书馆 CIP 数据核字(2009)第 135146 号

书 名	孙子译注	
译 注 者	李 零	
丛 书 名	中国古典名著译注丛书	
责任编辑	张继海	
责任印制	陈丽娜	
出版发行	中华书局	
	(北京市丰台区太平桥西里 38 号　100073)	
	http://www.zhbc.com.cn	
	E-mail:zhbc@zhbc.com.cn	
印　　刷	三河市博文印刷有限公司	
版　　次	2007 年 9 月第 1 版	
	2009 年 8 月第 2 版	
	2023 年 6 月第 9 次印刷	
规　　格	开本/880×1230 毫米　1/32	
	印张 4⅞　插页 2　字数 100 千字	
印　　数	25501-28500 册	
国际书号	ISBN 978-7-101-06929-7	
定　　价	24.00 元	

前　　言

　　本书对《孙子兵法》的研究整理，是在全面校核银雀山简本《孙子兵法》、《孙子兵法》的古书引文和宋以来《孙子兵法》的各种版本的基础上，吸取前人的研究成果而进行的。本书在性质上并不是一个带有资料长编性质的东西，而是以带有考据性的注释和白话翻译为主，具有一定可读性的读本。

　　《孙子兵法》早在战国秦汉时期就已广泛流传。但在当时，书籍是借简帛来传播，得之不易，研读方法带有许多原始特点。它们大多是以口耳授受为主，而不一定形之文字；即使形之文字，也不一定采取夹注的形式，而多半是集结习学者对问题的理解、讨论、举例和发挥，在原书之外独立成篇，甚至可以被认作原书的续篇。

　　作为《孙子》一书的正式注本，现存最早应推东汉末年曹操的《孙子略解》(即传世的《魏武帝注孙子》)。曹操以后到宋代比较著名的注家主要有梁孟氏，吴沈友，隋张子尚、萧吉，唐李筌、杜牧、陈皞、贾林，宋梅尧臣、王晢、何延锡、张预、宋奇等人。上述各家，除沈友、张子尚、萧吉、宋奇四家注已佚，其余九家注与曹注合为十家注，外加唐杜佑《通典》之《孙子》引文注，皆保存于《十一家注孙子》内。这些注解虽然存在不少缺点，但它们年代较早，为我们保存了许多古本异文、校说和古代训诂，具有不可替补的价值。

《十一家注孙子》之后出现的《孙子》注本多数保存在明清以来的武学教本中，它们数量很大，但真正质量高的却并不多见。这些注解往往疏于字句名物的考证而详于战例的引用，对实用的军事教学不无裨益，而对内容本身的理解却很少建树。虽然明刘寅、赵本学等人在疏通文义上花费了不少心思，特别是他们能够从书的整体结构去追寻作者的思路，反对"有一句解一句"，也自有其长处，可是由于缺乏缜密的科学考证方法，他们的见解也包含了大量主观臆测的成分。

清代以来，考据之学兴起，人们对古代文献的研究渐具历史眼光，方法也日趋精密。当时有不少优秀学者倾注毕生心血于某些古书的考订，把这些古书的研究推向一个前所未有的阶段，但《孙子》却并不是当时人们关心注目的一部古书。它的研究成绩不仅不能同儒家经籍相比，而且远在《老子》、《庄子》、《墨子》等许多子书之下。当时比较知名的学者，没有一个人对《孙子》做过全面注释，只有孙诒让、于鬯、俞樾等人写过不多几条札记，对《孙子》的个别辞句做过简短考证。

近代以来，人们对《孙子》一书的兴趣往往集中在其军事理论的分析和思想史的评价方面，有些人还引用西方近现代的战例和军事思想做比较研究，笺释评述之作数量也相当惊人。但是作为所有这类研究的基础，即对原书所含辞语和制度（特别是军事术语和军事制度）的历史考证仍然显得比较薄弱。很多分析概括并不准确。所以我们把注释工作的重点放在这一方面，希望能为上述研究做一些基本的铺垫工作。

本书注释的体例是：

（一）底本选用影宋本《魏武帝注孙子》。

（二）对底本原文一般不做改动，改动只限于原文明显讹误，而据简本、古书引文或他本可以确证者。正文中被改的错字和被删去的衍字，用小字括以（　）号；改正后的字和补字括以〔　〕号。

（三）只对引起理解分歧的重要异文略加考辨，而对其他无关紧要的字句增减概不涉及。

（四）对前人注解择善而从，并尽量引用其中出现最早的说法。

（五）侧重名物制度和疑难辞语之考证，其余从略，可参看各篇所附译文。

（六）尽量选择时代和系统相近的材料进行比较，如《管子》、《司马法》及其他先秦兵书。

（七）引用类书例用简称，如《北堂书钞》作《书钞》，《艺文类聚》作《类聚》，《太平御览》作《御览》。旧注除有多种者外也多省文作某书注，如《周礼》郑玄注、贾公彦疏作《周礼》注、疏，《管子》尹知章注作《管子》注，《汉书》颜师古注作《汉书》注。

本书各篇后均附有译文和校勘记。译文是用来帮助读者阅读原文，并用来补充注文的不足，所以尽量采用直译。校勘记只限于宋《武经七书》本《孙子》(简称《武经》)及《十一家注孙子》(简称《十一家》)的异文。

李 零

目　录

(始)计第一

【解题】

此本篇名一律作两字，但本篇和下面的《(军)形》、《(兵)势》两篇，上字均系后人所加。"始计"，可能是因兵家"先计而后战"之说增"始"字；"军形"，可能是因曹注解题作"军之形也"增"军"字；"兵势"，可能是因曹注解题作"用兵任势也"增"兵"字，今据简本、《十一家》改正。

计，《说文》："会也，筭也。"这里指篇末所说的"庙筭"。筭，是一种原始计数工具，与筹、策是同类性质的东西。古代出兵之前先要在庙堂上用这种工具计算敌我优劣，叫做"庙筭"。庙筭是出兵之前的决策，先于野战和攻城。古人认为，一国君将必先操握胜算，然后才能出兵，这是兵略的第一要义。所以《汉书·艺文志·兵书略》分兵书为四类，其中"兵权谋类"即以"先计而后战"为基本特征。

1·1　孙子曰①：兵者②，国之大事③。死生之地，存亡之道④，不可不察也。

【译文】

孙子说：军事，是国家的大事。地形的死生之势（死地、生地），战场上的存亡胜败，不可不加以了解。

【注释】

①案《墨子·尚贤》以下十篇，每篇分上、中、下三篇，皆冠以"子墨子曰"四字，是墨家三派各记墨子之言而题。此"孙子曰"与之情况类似，也应属于孙武后学记其师说。

②兵——本义指兵器，引申为军队和军事等义。这里"兵"是指军事，下文"兵众"的"兵"则指军队。

③《左传》成公十三年："国之大事，在祀与戎。"祭祀和军事是古人认为的"国之大事"。

④梅尧臣曰："地有死生之势，战有存亡之道。"本书《地形》："知吾卒之可以击，而不知敌之不可击，胜之半也；知敌之可击，而不知吾卒之不可以击，胜之半也；知敌之可击，知吾卒之可以击，而不知地形之不可以战，胜之半也。"也是将地形和战势视为将领料敌制胜的两个关键。

1·2　故经之以五事①，校之以计②，而索其情③：一曰道，二曰天，三曰地，四曰将，五曰法。道者，令民与上同意〔一〕，可与之死〔二〕，可与之生〔三〕，而不(畏)危也④〔四〕；天者，阴阳、寒暑、时制也⑤；地者，远近、险易、广狭、死生也⑥；将者，智、信、仁、勇、严也；

法者⑦，曲制、官道、主用也⑧。凡此五者，将莫不闻，知之者胜，不知者不胜。故校之以计，而索其情，曰：主孰有道⑨？将孰有能？天地孰得？法令孰行？兵众孰强⑩〔五〕？士卒孰练？赏罚孰明？吾以此知胜负矣。将听吾计，用之必胜，留之；将不听吾计，用之必败，去之⑪。

【校记】

〔一〕《十一家》"意"下有"也"字。

〔二〕《十一家》作"故可以与之死"。

〔三〕《十一家》作"可以与之生"。

〔四〕《十一家》无"也"字。

〔五〕《武经》"强"作"彊"。

【译文】

所以凭下述五项衡量，通过计算，加以核实，弄清情况：一是道义，二是天时，三是地利，四是将领，五是法规。道义，是指使人民与国君同心同德，可以和国君一起死，一起生，而绝不违背；天时，是指阴阳向背、天气冷暖和四时变换；地利，是指地形的远近、险夷、宽窄、死生；将领，是指指挥者的智慧、诚信、仁慈、勇敢、严明；法规，是指队形编制、官吏委派、财务管理。凡此五项，身为将领，不可不加过问，知道的就能胜利，不知道的就不能胜利。所以通过计算，加以核实，弄清情况，就要问：国君哪一方有道义？将领哪一方有才能？天时地利哪一方能掌握？法规号令哪一方能执行？军队哪一方更强大？士兵哪一

方更精锐？赏罚哪一方更严明？我凭这些就能判断胜负。如果
〔受计者〕服从我的计谋，使用必将获胜，就留用他；如果〔受计
者〕不服从我的计谋，使用必将失败，就撤掉他。

【注释】

①经——指依次条列五事，作为敌我比较的共同项目。用法和
《韩非子·内储说》、《外储说》开头的"经"字相同。五事——简本及
《通典》卷一一三引无"事"字。

②校——简本作"效"，是检验核对之义。如睡虎地秦简《效律》
就是讲验核的律文。

③而——简本作"以"，二字古书往往通用。

④此句简本作"民弗诡也"，"危"是"诡"的通假字。《通典》卷一
四八引作"而人不佹"，"人"是避唐太宗讳所改，"佹"通"诡"。《吕
氏春秋·淫辞》："言行相诡，不祥莫大焉。"《论衡·自纪》："充书
违诡于俗。"《周礼·考工记·轮人》："察其菑蚤不齵。"注："菑与爪
不相佹。""诡"、"佹"都是违背的意思。曹操注训"危"为"疑"，是
其所据本已作"危"。俞樾《诸子平议·补录》卷三："曹公注曰：'危
者，危疑也。'不释'畏'字，其所据本无'畏'字也。'民不危'即'民
不疑'，曹注得之。孟氏注曰：'一作"人不疑"。'文异而义同也。
《吕氏春秋·明理》曰：'以相危'，高诱训'危'为'疑'，盖古有此
训。后人但知有危亡之义，妄加'畏'字于'危'字之上，失之矣。"俞
说曹注训"危"为"疑"，古有此训，诚是；然曹注不知"危"字当破读
为"诡"则误。今本"畏"字应系衍文，可能是据杜牧注"不畏惧于危
疑也"而增。

⑤阴阳——古代数术之学（天文、历法和各种占卜）的主要概念之一。"阴阳"本指背阴向阳，但引申义很多，如以日为阳，月为阴；春夏为阳，秋冬为阴；东南为阳，西北为阴等等。古代兵家也有专讲阴阳之术的一派，叫"兵阴阳"，是以"顺时而发，推刑德，随斗击，因五胜，假鬼神而为助者也"为特点（《汉书·艺文志·兵书略》）。《尉缭子·天官》称为"天官时日阴阳向背"。简本"时制也"后有"顺逆、兵胜也"，"顺逆"即阴阳向背之术，"兵胜"即五行相胜之术。今通行《孙子》注本多认为孙子是唯物主义者，不应有此迷信思想，乃解"阴阳"为昼夜、晴雨，非是。

⑥简本作"高下、广陕（狭）、远近、险易、死生也"，多出"高下"二字。死生——指"死地"、"生地"。《行军》："前死后生"，《地形》："形之而知死生之地。"《九地》："疾战则存，不疾战则亡者，为死地"，"无所往者，死地也"（简本作"倍（背）固前适（敌）者，死地也"），就是前受敌阻，后无退路，战则生还，不战则亡之地。"生地"含义与之相反。

⑦法——应指军法，下文称"法令"。

⑧曲制——指军队编制。曹操注："曲制者，部曲、旛帜、金鼓之制也。"旧注皆以汉代部曲之制（参看《后汉书·百官志》及《通典》卷一四八）为说。案"曲制"之名，见于《管子》，如《七法》："曲制时举，不失天时，毋圹地利，其数多少，其要必出于计数。"又《侈靡》："将合可以罝其随行以为兵，分其多少以为曲政。"亦称"曲政"。《尉缭子·兵教下》："八曰全曲，谓曲折相从，皆有分部也。"朱起凤《辞通》引上《七法》及《鹖冠子·能天》"曲制小大，无所遗失"，读

"曲制"为"曲折"，得之。古书常以"制"、"折"相假(参见《论语·颜渊》"片言可以折狱者"句阮元校勘记)，"曲制"一词盖即来源于"曲折相从，皆有分部"(汉军制中的"部曲"一词也可能来源于此)。军队编制是古军法的主要内容之一。官道——可能是指设官分职之道。主用——可能是指掌管军需用度，这些都属于古军法的规定范围。

⑨主——本指宗主，即家长，所以《左传》等古书中大夫的家臣也称大夫为"主"，这里则指国君。

⑩强——今本或作"彊"。

⑪将——两"将"字并为虚词，表示假设，孟氏注解为"裨将"，非是。但这两句话的主语是谁，值得讨论。前人多以此二句为孙子求用于吴王之辞，谓吴王用其计则留，不用其计则去，主语是吴王。我们则认为主语应是说话人(即定计者)的对象，即执行"计"的人。不然这两句话就成了要挟之辞。听——依从。

1·3　计利以听，乃为之势①，以佐其外②。势者，因利而制权也③。兵者，诡道也。故能而示之不能，用而示之不用，近而示之远，远而示之近。利而诱之，乱而取之④，实而备之，强而避之〔一〕怒而挠之⑤，卑而骄之，佚而劳之，亲而离之。攻其无备，出其不意。此兵家之胜，不可先传也。

【校记】

〔一〕《武经》“强”作“彊”。

【译文】

计谋有利并得到执行，才去制造“势”，用来辅助出兵国外后的行动。“势”，就是利用优势，制造机变。军事，是诡诈之道。所以能反而示以不能，用反而示以不用，近反而示以远，远反而示以近。敌贪利就诱惑它，敌混乱就袭击它，敌充实就防备它，敌强大就躲避它，敌恼怒就骚扰它，敌卑怯就使之骄傲，敌安逸就使之劳累，敌亲密就使之离心。进攻其毫无防备之处，出击其意想不到之地。这就是兵家得胜的诀窍，不可能事先传授。

【注释】

①势——态势。详《势》解题。

②外——指国境以外。当时用兵多在国外。《管子·七法》：“故凡攻伐之为道也，计必先定于内，然后兵出乎境。计未定于内，而兵出乎境，是则战之自胜，攻之自毁也。”（《参患》也有类似的话）

③因利——指掌握有计算上的优势。权——机变。

④取——伏兵偷袭而败敌。《左传》庄公十一年：“覆而败之，曰取某师。”

⑤挠——《说文》：“挠，扰也。”

1·4　夫未战而庙算胜者①，得算多也；未战而庙算不胜者，得算少也。多算胜少算（不胜），而况于无算乎②！

吾以此观之，胜负见矣。

【译文】

　　凡是没有出兵交战就在"庙算"上先已获胜，是由于得到的"算"较多；没有出兵交战就在"庙算"上先已失败，是由于得到的"算"较少。得到"算"多的胜过得到"算"少的，更何况是那没有得到"算"的呢！我凭这些去看，胜负之分就一清二楚了。

【注释】

　　①庙——指庙堂，是国君议事之所。筭——通"算"。《说文》以"筭"为算筹之"算"，以算为计算之"算"，今则通用"算"字。算筹是用有固定长度的竹木小棍做成的计算工具，用于历法计算，也用于射礼、投壶礼的胜负计算。《汉书·律历志上》："其算法用竹，径一分，长六寸，二百七十一枚而成六觚，为一握。径象乾律黄钟之一，而长象坤吕林钟之长。其数以《易》大衍之数五十，其用四十九，成阳六爻，得周流六虚之象也。"与揲蓍之法相同。现已发现最早的算筹实物，是1954年湖南长沙左家公山战国楚墓出土，共40枚，长约12厘米，约合战国楚尺5.2寸。另外，陕西千阳西汉墓及湖北江陵凤凰山M168也出土了西汉算筹。千阳骨筹共31枚，长约12—13厘米，约合汉尺5.1—5.6寸。这里的"庙筭"，是指在庙堂上用算筹计算敌我实力，决定胜负，即上所谓"故经之以五事，校之以计，而索其情"。张预注："古者兴师命将，必致斋于庙，授以成算，然后遣之，故谓之庙算。"《商君书·战法》："若其政出庙算者，将贤亦胜，将不如亦胜。"用算筹多寡决定行动的办法起源非常古老，在民族学材料中可以找到许多证据（参看汪宁生《从原始记事到文字发明》，

《考古学报》1981 年 1 期)。汉代张良"借箸为筹",替刘邦画策(见《史记·留侯世家》),也说明直到汉代,用算筹决定胜负仍然是一种固定的制度。由于算、筹、策是一类东西(策即箸),古人所说"定计"、"运筹"、"决策"实为一事。"计"字做为谋略的含义就是从此引申。

　　②多算胜少算——原文作"多算胜,少算不胜",《汉书·赵充国传》、《书钞》卷一一三、《御览》卷三二二引皆无"不胜"二字,作"多算胜少算"一句读,张预注亦以"多计胜少计"为释。简本此句有缺文,但从上下字数推断,也应作"〔多算胜〕少〔算〕"。可知"不胜"二字是衍文,应删去。《通典》卷一四八引作"多算胜,少算败",今本或即由此而来。

作战第二

【解题】

本篇是讲庙算之后的兴师用兵，即"先计而后战"的"而后战"。这里"作"是兴、起之义，"战"指出兵以后的野战。

按"战"字有广狭含义的不同。广义的"战"是泛指一切实战，狭义的"战"则区别于攻城，专指野战。古代实行国野制度，国是王或诸侯宗庙所在的城邑，野是环绕这种城邑的乡村。野多为平衍之地，两国交兵于野，叫做野战，往往经过野战才发展为攻城。特别是战国以来，野战和攻城有更密切的结合，《商君书·徕民》："今三晋不胜秦四世矣。自魏襄以来，野战不胜，守城必拔。"本篇："其用战也，胜久则钝兵挫锐，攻城则力屈。"就是二者并叙。此篇与下篇题解，旧注多失，唯李筌谓"合陈为战，围城曰攻"，独得古义。

在本篇中，作者指出当时战争动员规模庞大，深入敌国，远离后方，难以补充给养装备。如果野战不利，相持过久，必将导致国弊民穷。因此，把速决和就地补充给养装备（夺取敌方）奉为野战的基本原则。

2·1　孙子曰：凡用兵之法①，驰车千驷②，革车千乘③，带甲十万④，千里馈粮⑤。〔则〕内外之费⑥〔一〕，宾客之用⑦，胶漆之材⑧，车甲之奉⑨，日费千金⑩，然后十万之师举矣⑪。

【校记】

〔一〕《十一家》"内"上有"则"字。

【译文】

孙子说：一般的用兵规模，需要驰车一千辆，革车一千辆，披带铠甲的战士十万人，千里迢迢运送粮食。这样国内外的各种费用开支，包括招待宾客、采办胶与漆等材料、供应车马兵甲，每天要花费千金之巨，然后这支十万大军才能开拔。

【注释】

①这句话，《孙子》各篇开头往往都有，汉唐人称引《孙子》多呼之为"兵法"，"兵法"即"用兵之法"。

②驰车——一种轻型战车。千驷——四马所驾之车千乘。曹操注："驰车，轻车也，驾驷马，凡千乘。"以"驰车"为"轻车"。《周礼·春官·车仆》车仆掌"五戎"中有"轻车之萃"，注："轻车，所用驰敌致师之车也。"亦以"驰车"释"轻车"。案"驰车"之名，在古书中较为少见。《管子·七臣七主》曰："驰车千驷不足乘"，"驰车充国者，追寇之马也"。又今本《玉篇》保存有"𨏖"字，云："大何切，疾驰也。"古文字从"它"与从"也"无别，"𨏖"亦可隶定作"𨏖"，盖即"驰车"。"轻车"之名，在古书中比较多见。如《左传》哀公二十七

年:"将为轻车千乘。"《逸周书·大明武》:"轻车翼卫。"本书《行军》:"轻车先出居其侧者,陈也。"《续汉书·舆服志上》:"轻车,古之战车也。洞朱轮舆,不巾不盖,建矛戟幢麾,韔辄弩服。"

③革车——古书所见,多指战车。如《左传》闵公二年:"革车三十乘。"哀公十一年:"革车八百乘。"《孟子·尽心下》:"武王之伐殷也,革车三百两。"《礼记·明堂位》:"是以封周公于曲阜,地方七百里,革车千乘。"但曹操注谓:"革车,重车也。……重以大车驾牛。"却把"革车"解释为驾牛的"重车"。"重车"是载运辎重的车,也省称"重"。如《左传》宣公十二年"楚重至于邲",注:"重,辎重也。"疏:"辎重,载物之车也。"《说文》云"辎"一名"軿",前后蔽也。蔽前后以载物,谓之"辎车"。载物必重,谓之"重车"。《汉书·朱买臣传》"将重车至长安",注:"载衣食具曰'重车'。"曹注以"革车"即"重车",于文献无征,孙诒让《周礼正义》卷五三疑之,认为"革车"可能是《车仆》之"戎路"、"广车"。今案曹注以《司马法》之"轻车"、"重车"释此书之"驰车"、"革车",详注④。

④带甲——是对披带铠甲的战士即"甲士"的一种称呼。《国语·吴语》:"为带甲三万。"《管子·大匡》:"天下之国,带甲十万者不鲜矣。"这里的"带甲十万"与"驰车千驷,革车千乘"相配,是按驰车、革车各一乘,配备甲士百人计算的。曹操注:"言率十万之军:一车驾四马,养二人主炊家子,一人主保固守衣装,厩二人主养马,凡五人,步兵十人;重以大车驾牛,养二人主炊家子,一人主保固守衣装,凡三人也。带甲十万,士卒数也。"(此则注文讹脱较甚,今据拙作《〈孙子〉曹操注集校》。)不计各种勤杂人员,实际轻车每乘只

配有步兵十人，不足十万之数。案曹注"轻车"、"重车"之说，是参照《司马法》，但又有所不同。杜牧注引《司马法》云："一车，甲士三人，步卒七十二人，炊家子十人，固守衣装五人，厩(厮)养五人，樵汲五人，轻车七十五人，重车二十五人。"合轻车一乘甲士三人、步卒七十二人，重车一乘勤杂人员二十五人，共一百人，可足十万之数。但原文"十万"是"带甲"之数，若仅依甲士或甲士与步卒数计算仍然不合。曹注取其"轻车"、"重车"之说以释"驰车"、"革车"，然所述乘法(车、士编乘之法)则仍按一车十人的古乘法解释。盖《司马法》所述乘法原非一种，如《周礼·地官·小司徒》注引《司马法》云："革车一乘，士十人，徒二十人"，就是另一种。张预注引曹操《新书》云："攻车一乘，前拒一队，左右角二队，共七十五人；守车一乘，炊子十人，守装五人，厩(厮)养五人，樵汲五人，共二十五人。攻守二乘，凡一百人。"同杜牧注引《司马法》。是曹操又采之以入《新书》，并名"驰车"为"攻车"，"革车"为"守车"。今案古代乘法应以十人制为最基本，如武王克商，即以甲士十人编乘(见《孟子·尽心下》)；《周礼·地官·小司徒》注引《司马法》，以甲士计亦十人。其次为二十五人制和五十人制，如"两"(见《周礼》军制)就是二十五人，"小戎"(见管仲制军法)就是五十人，这些都是古乘法。百人制的乘法应是比较后起的。《管子·揆度》："百乘为耕田万顷，为户万户，为开口十万人，为当分者万人，为轻车百乘，为马四百匹。……千乘为耕田十万顷，为户十万户，为开口百万人，为当分者十万人，为轻车千乘，为马四千匹。……万乘为耕田百万顷，为户百万户，为开口千万人，为当分者百万人，为轻车万乘，为马四万匹。"所述赋乘之法,是按户均一顷授田,户均一人当兵,每十万人配备轻车一千乘、每乘马四匹计算的,正与《孙子》所述相合。

⑤这是说当时战争往往都是深入敌国、远离后方,所以需要有很长的补给线。

⑥内外——指国内、国外。简本及《御览》卷三〇六引作"外内",其上并有"则"字(《十一家》亦有"则"字)。案此段可析读为两层意思,一层是说用兵规模,一层是说资财耗费,"则"字不当略去,据补。

⑦賓——"宾"的异体字。魏晋以来碑刻墓志往往把"宾"字写成"賓"(如《司马升墓志铭》、《兴福寺碑》、《李璧墓志》),唐以来经典亦多承用(见《五经文字》)。这里"宾客之用",是指外交上的花费。

⑧胶漆之材——泛指用于修造战车和其他竹木制军事装备的材料。如《考工记·弓人》:"弓人为弓,取六材必以其时。六材既聚,巧者和之。干也者,以为远也;角也者,以为疾也;筋也者,以为深也;胶也者,以为和也;丝也者,以为固也;漆也者,以为受霜露也。"并云:"鹿胶青白,马胶赤白,牛胶火赤,鼠胶黑,鱼胶饵,犀胶黄,……漆欲测。"

⑨车甲——泛指各种军事装备。古代军事装备包括三大项:(1)车马(战车及其服驭的马匹);(2)甲盾(甲胄和盾牌);(3)一般兵器(戈、矛、戟、剑、弓矢等)。置备车马兵甲是古代军赋的主要内容,如《左传》襄公二十五年载蔿掩"量入修赋,赋车籍马,赋车兵、徒兵、甲楯之数"("车兵"、"徒兵"分别指甲士和步兵所使用的兵器),

即包括这三大项。

⑩《管子·轻重》：“今傅戟十万，〔而〕薪菜（采）之靡，日虚十里之衍；顿戟一諜，而靡幣（敝）之用，日去千金之积。久之，且何以待之？”所述用兵规模（十万）及耗费情况（原野空虚、日费千金）并同此篇。金——货币单位。先秦时期的“金”有多重？各国可能不尽统一。《史记·平准书》：“更令民铸钱，一黄金一斤。”《索隐》：“秦以一溢（镒）为一金，汉以一斤为一金。”（其他古书说法略同）镒的重量，古书有“二十两为一镒”和“二十四两为一镒”两说，据出土战国记重铜器，一镒合 24 两，重约 374 克。斤的重量，是 16 两，据出土战国衡器，重约 250 克。先秦时期的“金”可能与秦制的“金”接近，是以一镒为一金，“千金”约合 374 公斤。

⑪以上所述，古人叫做“出军法”或“军赋”。案中国早期军事制度，一般出兵，兵员系临时征集；车马兵甲是由国家置备，出征时才临时发授，叫做“授甲”、“授兵”（《左传》隐公十一年、哀公十年）；粮秣给养，“有军旅之出则征之，无则已”，即使征也不过“田一井，出稷禾（40 把饲料）、秉刍（1 把柴禾）、缶米（16 斗米）”（《国语·鲁语》）。其中粮食只够一个士兵吃一个多月（按每日 5 升计）。这是由于当时战争规模小，距离近，为时也较短。《孙子》所述出军法与早期不同，一是规模大（“驰车千驷，革车千乘，带甲十万”），二是补给线长（“千里馈粮”），三是费时久（《用间》：“相守数年，以争一日之胜”），四是耗费巨（“日费千金”），这些都是新时期的特点。关于这两个时期的不同，《战国策·赵策三》载田单、赵奢问对有很好的反映。其文曰：“赵惠文王三十年，相都平君田单问赵奢

曰：‘吾非不说将军之兵法也，所以不服者，独将军之用众。用众者，使民不得耕作，粮食挽赁不可给也。此坐而自破之道也，非单之所为也。单闻之，帝王之兵，所用者不过三万，而天下服矣。今将军必负十万、二十万之众乃用之，此单之所不服也。’马服曰：‘君非徒不达于兵也，又不明其时势。……君无十余、二十万之众，而为此钓罕镡蒙须之便，而徒以三万行于天下，君焉能乎？且古者，四海之内，分为万国。城虽大，无过三百丈者；人虽众，无过三千家者。而以集兵三万，距此奚难哉！今取古之为万国者，分以为战国七，能具数十万之兵，旷日持久数岁，即君之齐已。齐以二十万之众攻荆，五年乃罢。赵以二十万之众攻中山，五年乃归。今者齐、韩相方，而国围攻焉，岂有敢曰“我其以三万救是”者乎？今千丈之城，万家之邑相望也，而索以三万之众，围千丈之城不存其一角，而野战不足用也，君将以此何之？’都平君喟然太息曰：‘单不至也！’”《孙子》所反映的战争特点，我们认为不仅与春秋早、中期有明显不同，而且与春秋晚期、战国早期也有一定差别，而比较接近战国中期的特点。

2·2　其用战也，胜久则钝兵挫锐①，攻城则力屈②。久暴师则国用不足。夫钝兵挫锐，屈力殚货，则诸侯乘其弊而起，虽有智者③，不能善其后矣。故兵闻拙速，未覩巧之久也④〔一〕。夫兵久而国利者，未之有也。

【校记】

〔一〕《十一家》“覩”作“睹”。

【译文】

如果作战是靠持久而取胜，那么就会消耗兵力，挫伤锐气，攻城就会感到力量不足。如果长期把军队暴露在国外，那么国家财政就会感到拮据。而消耗兵力，挫伤锐气，人力、财源耗尽，那么诸侯各国就会乘此危机举兵来袭，即使足智多谋的人，也不能收拾残局。所以军事上只听说过简单的速决，没有见过巧妙的持久。用兵持久而对国家有利，是从来没有的。

【注释】

①胜久——杜牧注：“胜久，谓淹久而后能胜也。”贾林注将“胜”字断在上句，非是。钝——简本及《通典》卷一四八引作“顿”，二字通用。钝兵挫锐——本指甲兵的损耗，这里指损耗兵力，挫伤锐气。

②屈——音 jué，通“诎”。诎是赢的反义词，赢是过多、饱和，诎是不足、穷竭。《庄子·天运》：“目知穷乎所欲见，力屈乎所欲逐。”

③此句简本作“虽知（智）者”。可见“有智者”即“智者”，是一个词。

④巧——《三国志·魏书·王基传》引作“工迟”，《文选》卷二九张景阳《杂诗》和卷三九任彦升《奉答敕示七夕诗启》李善注、《御览》卷二九均引作“工”，梅尧臣注亦云“未见工而久可也”，是古本有作“工”者。但《书钞》卷一一三、《通典》卷一四八引则同今本，杜牧、何延锡、张预注亦以“巧”为释。“工”、“巧”二字义近。

2·3　故不尽知用兵之害者，则不能尽知用兵之利也。善用兵者，役不再籍①，粮不三载②，取用于国，因粮于敌③，故军食可足也。国之贫于师者远输，远输则百姓贫④；近师者贵卖⑤〔一〕，贵卖则百姓财竭；财竭则急于丘役⑥。(力屈)〔屈力〕(财殚)中原⑦〔二〕，内虚于家，百姓之费，十去其(七)〔六〕⑧；公家之费，破车罢马，甲胄矢弓〔三〕，戟楯矛橹⑨〔四〕，丘牛大车⑩，十去其(六)〔七〕⑪。故智将务食于敌，食敌一钟⑫，当吾二十钟；惹秆一石⑬，当吾二十石。故杀敌者，怒也；取敌之利者，货也。车战〔五〕，得车十乘以上〔六〕，赏其先得者而更其旌旗。车杂而乘之，卒善而养之⑭，是谓胜敌而益强。

【校记】

〔一〕《十一家》"近"下有"于"字。

〔二〕《武经》无"财殚"二字。

〔三〕《十一家》"弓"作"弩"。

〔四〕《十一家》"矛"作"蔽"。

〔五〕《十一家》"车"上有"故"字。

〔六〕《十一家》"以"作"已"。

【译文】

所以不完全懂得用兵的害处，就不能完全懂得用兵的利处。

善于用兵的人，丘役不多次征发，粮食也不多次输送，先从国内征粮，再从敌方得到补充，所以军需用粮可以满足。国家由于军队而造成贫困，主要在于长途运输，长途运输百姓就会贫困；靠近军队驻地往往物价腾贵，物价腾贵百姓就会财源枯竭；百姓财源断绝，就会给丘役的征发造成压力。人力耗尽于原野之上，家家内部空虚，百姓的花费，十分丧失掉六分；公家的花费，包括车、马的损耗，以及铠甲、头盔、弓矢、矛戟和盾牌，还有丘牛和丘牛所驾的辎重车，十分丧失掉七分。所以聪明的将领务求取食于敌，吃敌人一钟，等于自己的二十钟；豆秸、禾秆一石，等于自己的二十石。所以杀敌是靠激发士兵对敌人的仇恨，夺取敌人是靠用财货奖赏士兵。车战中若缴获战车十辆以上，要奖赏最先获得者并更换车上的旗帜，将缴获的战车混杂使用，俘虏的士兵善加供养，这就叫战胜敌人而自己也更强大。

【注释】

①役——力役、徒役。《孟子·尽心下》："有布缕之征，粟米之征，力役之征。"《周礼·地官·小司徒》谓六乡"凡起徒役，毋过家一人，以其余为羡，唯田与追胥竭作。"即家出"正卒"一人服兵役，其余男劳力为"羡卒"，参加定期举行的田猎和地方治安工作。《地官·遂人》注谓六遂起徒役同于六乡。籍——登于名籍。秦汉有傅籍制度，《汉书·高帝纪》注："傅，著也。言著名籍，给公家徭役也。"《周礼·地官》之《乡大夫》、《遂人》亦云"以岁时登其夫家之众寡"。这里指按名籍征发。

②曹操注："始载粮，后遂因食于敌，还兵入国，不复以粮迎之

也。"杨炳安《孙子集校》认为如此只为两载，据《御览》卷二七〇引（作"再载"）改"三"为"二"。其《孙子会笺》则认为这里的"粮不三载"与上文"役不再籍"，只是说"一而已，不可再、三"，"再"、"三"乃虚数，不必改字。案《御览》"再"字重出，恐是误写，未可从，应以杨氏后说为胜。

③《左传》僖公二十八年："晋师三日馆、谷，及癸酉而还。"注："馆，舍也，食楚军谷三日。"李筌、杜佑据释此文，非是。案《左传》"馆、谷"是晋、楚城濮之战结束后，晋师在班师前稍事休整，取食于当地，与此文性质不同。这里所说"因粮于敌"，应如本书《军争》"掠乡分众，廓地分利"，《九地》"重地则掠"，是指抄掠敌境。

④远输——简本作"远者远输"，缺重文号。"远者远输"，可能是说师出愈远而愈采用远输，故《通典》卷一五六引作"远师远输"，似较今本为胜。

⑤师——简本作"帀"，王晳注所据本作"市"。案战国、秦、汉文字中的"师"字往往作"帀"（写成"市"），与"市"字形近易混。这里的"近师"，是指军旅驻地附近。案古代往往在军队驻地附近设军市，如西周铜器分甲盘提到："淮夷旧我員（帛）晦（亩）人，毋敢不出其員（帛）、其积、其进人、其贾，毋敢不即辣（次）即市。"所说"即次即市"就是指在军队驻地附近设军市。战国时期，由于战事频繁，军市更加发达，如《战国策·齐策五》："士闻战，则输私财而富军市，输饮食而待死士。"《商君书·垦令》："令军市无有女子；而命其商，令人自给甲兵，使视军兴；又使军市无得私输粮者，则奸谋无所于伏。盗粮者无所售，送粮者不私稽，轻惰之民不游军市。"

贵卖——是说军队所到之地，由于需求突然性地扩大，造成当地物价暴涨。

⑥丘——古代齐、鲁、宋、卫、曹、郑等东方国家的一种居民组织名称。案《周礼》分国都以外的郊野为乡、遂和都鄙三部分，都鄙在最外层，包括井(9家)、邑(4井)、丘(4邑)、甸(4丘)、县(4甸)、都(4县)六级。中国早期军事制度，只有国人当兵，其车马兵甲由国家置备，野和鄙的居民不当兵，也不出车马兵甲。但春秋晚期以来，开始出现都鄙出军的新制度，丘是都鄙出军的基层单位。丘所出铠甲叫"丘甲"(见《春秋》成公三年)，所出牛、马叫"匹马、丘牛"(见《春秋》成公元年疏引《司马法》)，所出赋叫"丘赋"(见《左传》昭公四年)，这里的"丘役"，是指丘所出徒役。

⑦力屈——简本作"屈力"。曹操注："则运粮尽力于原野也。"所据本似亦作"屈力"，据正。财殚——简本、《武经》、《御览》卷三三二引皆无，当是据曹操注"百姓财殚尽而兵不解"而增，今删去。又李筌注有"力屈财殚"之语，或即此本所据。中原——原野，《诗·小雅·小宛》"中原有菽"，注："中原，原中也。"张预注谓"原野之民，家产内虚"，以"中原"二字连下为句，非是。

⑧此句简本作"十去其六"，据正。但曹操等注家皆以"十去其七"为释，可见其误已久。

⑨这两句，《十一家》作"甲胄矢弩，戟楯蔽橹。"案王晳、张预注所据本有"蔽橹"一词，盖即《十一家》所采。而此本则可能是据曹注古本，《御览》卷三二二引、《武经》同。戟——是合戈、矛为一体的兵器，有连体、分体两种。楯——同"盾"。橹——《说文》："橹，

大盾也。"《左传》襄公十年:"狄虒弥建大车之轮,而蒙之以甲,以为橹,左执之,右拔戟,以成一队。"《管子·禁藏》:"植笠以当盾橹。"或以楼橹(望楼)释之,非是。

⑩丘牛——丘所出之牛。《春秋》成公元年疏引《司马法》曰:"六尺为步,步百为亩,亩百为夫,夫三为屋,屋三为井,四井为邑。四邑为丘,丘有戎马一匹,牛三头,是曰匹马丘牛。四丘为甸,甸六十四井,出长毂一乘,马四匹,牛十二头,甲士三人,步卒七十二人,戈楯具,谓之乘马。"大车——丘牛所驾辎重车。近出师同鼎铭文:"寽(将)车马五乘,大车廿。""车马"即马拉的战车,"大车"即牛拉的辎重车。《周礼·冬官·车人》:"大车崇三柯。"注:"大车,平地载任之车。"《论语·为政》:"大车无輗,小车无軏。"包咸注:"大车,牛车。……小车,驷马车。"

⑪十去其六——《十一家》云:"一本作'十去其七'。"案李筌、梅尧臣注所据本"六"均作"七"。简本"十去其六"在"百姓之费"句后,此句残缺,估计亦作"十去其七"。

⑫钟——曹操注:"六斛四斗(斗)为钟。"这是据姜齐量制为说,以六十四升为一钟。案《左传》昭公三年:"齐旧四量,豆、区、釜、钟。四升为豆,各自其四,以登于釜,釜十则钟。陈氏三量皆登一焉,钟乃大焉。"姜齐量制是四升为豆,四豆为区,四区为釜,十釜为钟;田齐新量制,钟以下改用五进制。但据《管子·海王》、《轻重丁》两篇及出土子禾子釜、陈纯釜和左关𬬻,田齐新量制是以四升为豆,五豆为区,五区为釜,十釜为钟(豆、区之间并有相当十升的𬬻一级)。据子禾子釜和陈纯釜的实测容量推算,钟约合205升。姜齐

旧量制的钟照新量制的钟推算，约合131.2升。

⑬萁秆——曹操注："萁，豆稭也；秆，禾稾（藁）也。……一云：'"萁"音忌，豆也。'"王晳注："萁，今作'其'；秆，故书为'芉'，当作'秆'。"案"萁"通"其"，《说文》："其，豆茎也。""秆"通"稈"，《说文》："稈，禾茎也。从禾旱声。《春秋传》曰：'或投一秉稈。'秆，'稈'或从干。"今《左传》昭公二十七年作"或取一秉秆焉"。石——这里是重量单位，古代以一百二十斤为一石。据出土衡器，战国时期的石重约30公斤。

⑭善——简本作"共"，似应读为"供"。"共"亦通"恭"，今本"善"字可能是因误读"共"为"恭"而改字。

2·4 故兵贵胜，不贵久。

【译文】

所以军事上只重取胜，而不重持久。

2·5 故知兵之将，民之司命〔一〕，国家安危之主也。

【校记】

〔一〕《十一家》"民"上有"生"字。

【译文】

所以真正懂得军事的将领是人民生死和国家安危的主宰。

谋攻第三

【解题】

本篇是讲庙算、野战之后的攻城。"谋攻"是指用智谋攻城，即不是专恃武力强攻，而是用打乱敌人的部署、沮丧敌人的意志造成形格势禁，迫使守敌投降。

在攻坚手段极为有限的古代，攻城往往徒然费时折兵，这是作者之所以特别重视以谋攻城的直接原因（正像上篇所言速决是针对当时战役旷日持久而发一样）。但作者在论述这种以谋攻城的方法时，却并不停留于现象本身，而是把它提高到战略学的高度来认识。他从战争的目的是最大限度地消灭敌人和保存自己这一点出发，提出一种"全利"的原则，聪明地看出，战争从"伐谋"到"伐交"到"伐兵"到"攻城"，这一逐步升级的过程，可能预示着一种逆过程，即"伐谋"的重新出现。并且作者还论述了力量对比与攻守形势的关系。

3·1 孙子曰：夫用兵之法[一]，全国为上，破国次之①；全军为上，破军次之②；全旅为上，破旅次之③；

全卒为上，破卒次之④；全伍为上，破伍次之⑤。

【校记】

〔一〕《十一家》"夫"作"凡"。

【译文】

孙子说：用兵之法，以完整地战胜一个"国"为上，击破后战胜一个"国"次之；完整地战胜一个"军"为上，击破后战胜一个"军"次之；完整地战胜一个"旅"为上，击破后战胜一个"旅"次之；完整地战胜一个"卒"为上，击破后战胜一个"卒"次之；完整地战胜一个"伍"为上，击破后战胜一个"伍"次之。

【注释】

①国——本指国都。古人一般以国都代指整个国家。

②军——本为驻屯之义。商代西周时期军队的最高一级编制是师(师字本来也是起于驻屯之义)。但东周以来，军逐渐成为各国军队的最高一级编制。《周礼》所记军制是以12500人为军(见《夏官·序官》，《司马法》佚文同)，但管仲所立军队编制的军与《周礼》不同，为10000人(见《国语·齐语》和《管子·小匡》)。

③旅——本指宗族子弟，即"亚旅"之"旅"(见《诗·周颂·载芟》"侯亚侯旅"传)。《周礼》所记军制是以500人为旅，旅上还有师一级(为2500人，包括5个旅)，但管仲所立军队编制的旅与《周礼》不同，是由10个200人的大"卒"组成，为2000人，上面没有师一级，直接由5个旅进为一个军。

④卒——是兵车编组的基本单位。《左传》"卒"、"乘"往往连称

（见隐公九年、成公十六年），《周礼》所记军制是以100人为卒，卒下包含4个两（一两25人），即左、前、中、右、后5辆兵车，但管仲所立军队编制的卒与《周礼》不同，是由左、前、右、后4个"小戎"（兵车名，一小戎50人）组成。

　　⑤伍——是军队编制的最低一级，只有5人。古代各种军队编制都是从伍法起源，如10人制的什，25人制的两，50人制的小戎或队，100人或200人的卒，都是从伍进上去。伍可按前、中、后成"列"，也可按左、中、右成"行"，还可按左、前、中、右、后成方阵。这是决定古代队形编制（阵法）的基本东西。《国语·齐语》："是故卒伍整于里，军旅整于郊。"其军队编制主要是由"军旅"和"卒伍"两层组成，"卒伍"是在农村基层即同里一级编定，只形成小的战车组；而"军旅"是在郊即州乡一级编定，已形成大的战车群。《孙子》所述军制可能与管仲所立军队编制相近。

　　3·2　是故百战百胜，非善之善者也；不战而屈人之兵，善之善者也。故上兵伐谋①，其次伐交②，其次伐兵③，其下攻城④。攻城之法，为不得已。修橹轒辒⑤，具器械⑥，三月而后成；距堙⑦〔一〕，又三月而后已。将不胜其忿而蚁附之⑧，杀士卒三分之一⑨〔二〕，而城不拔者，此攻之灾也。故善用兵者，屈人之兵而非战也，拔人之城而非攻也，毁人之国而非久也⑩，必以全争于天下，故兵不顿而利可全，此谋攻之法也。

【校记】

〔一〕《十一家》"堙"作"闉"。

〔二〕《十一家》无"卒"字。

【译文】

所以百战百胜，算不上真正的高明；不战而使敌军屈服，才算得上真正的高明。所以军事手段以智谋战为上，其次为外交战，其次为野战，而以攻城为最下。攻城的办法，是出于不得已。修造"橹"（带望楼的战车）和"轒辒"（有皮甲装护的四轮攻城车），准备各种器具，要三个月才能完成；"距堙"（攻城用的土山），又要三个月才能完成。将领怒不可遏，而命士兵"蚁附"（像蚂蚁一样缘墙而上）攻城，导致三分之一的士卒白白送命，而城却仍然攻不下来，这是攻城的灾难。所以善用兵的人，使敌军屈服不是靠野战，拔取敌人的城邑不是靠强攻，毁灭敌人的国家不是靠持久，一定要本着"完整取胜"的原则来与天下各国竞争，所以既不用消耗兵力而又能保全利益，这就是用智谋攻城的方法。

【注释】

①伐谋——指破坏敌人的计划、沮丧敌人的意志。《通典》卷一六〇杜佑注引《司马法》："上谋不斗。"（《十一家》误杜佑注为何延锡注，孙星衍正之）《汉书·息夫躬传》："则是所谓上兵伐谋。"注："言知敌有谋者，则以事而应之，沮其所为，不用兵革。"本书《九地》："是故不争天下之交，不养天下之权，信己之私，威加于敌，故其城可拔，其国可隳。"都是指"伐谋"。古人也把"伐谋"叫做"攻心"。如《战国策·韩策三》："昔先王之攻，有为名者，有为实者。

为名者攻其心，为实者攻其形。"《三国志·蜀书·马良传》注引《襄阳记》："夫用兵之道，攻心为上，攻城为下；心战为上，兵战为下。"《长短经·攻心》引《孙子》甚至直接作"攻心为上，攻城为下"。

②伐交——指破坏敌人的外交。郑友贤《遗说》曰："破谋者，不费而胜；破交者，未胜而费。""伐交"要花费很多金钱，所以次于"伐谋"。或以"交"为交战，非是。

③伐兵——指野战。

④以上"伐谋"、"伐交"、"伐兵"、"攻城"四个阶段，从手段的激烈程度来讲是个逐步升级的过程，从"兵不顿而利可全"的原则来讲是个逐步降级的过程。

⑤橹——与上解作"大盾"的"橹"不同，是一种攻城器具，即"楼橹"或"楼樐"（《说文》"橹"或作"樐"）。《六韬·虎韬·军用》："陷坚陈，败强敌，武翼大橹，……提翼小橹。"《后汉书·公孙瓒传》："今吾诸营，楼樐千里。"（《三国志·魏书·公孙瓒传》作"今吾楼橹千重"）《南匈奴传》："初，帝造战车，可驾数牛，上作楼橹，置于塞上，以拒匈奴。"《三国志·魏书·袁绍传》："绍为高橹，起土山，射营中，营中皆蒙楯。"《吴书·朱然传》："（曹）真等起土山，凿地道，立楼橹临城，弓矢雨注。""楼橹"又叫"楼车"或"巢车"（"轈车"），《左传》宣公十五年："登诸楼车，使呼宋人而告之。"注："楼车，车上望橹。"成公十六年："楚子登巢车，以望晋军。"注："巢车，车上为橹。"《说文》："轈，兵高车，加巢以望敌也。从车，巢声。《春秋传》曰：'楚子登轈车。'""楼车"或"巢车"是因车上架有顶部没有覆盖的望楼即橹或巢而得名。《史记·司马相如列传》引

《上林赋》："江河为陆，泰山为橹。"《集解》引郭璞说："橹，望楼也。"《释名》："橹，露也，露上无覆屋也。"《通典》卷一六〇描述"巢车"形制云："以八轮车，上树高竿，竿上安辘轳，以绳挽板屋止竿首，以窥城中。板屋方四尺，高五尺，有十二孔，四面别布。车可进退，围城而行，于营中远视，亦谓之'巢车'。如鸟之巢，即今之板屋也。"轒辒——也是一种攻城器具。《六韬·虎韬·军略》："攻城围邑，则有轒辒、临冲。"《墨子·备城门》列"今之世常所以攻者"十二，其中有"轒辒"。曹操注："轒辒者，轒床也。轒床其下四轮，从中推之至城下也。"李筌注："轒辒者，四轮车也，其下藏兵数十人，填隍推之，直就其城，木石所不能坏也。"杜牧注："轒辒，四轮车，排大木为之，上蒙以生牛皮，下可容十人，往来运土填堑，木石所不能伤，今俗所谓木驴是也。"《通典》卷一六〇描述轒辒形制云："作四轮车，上以绳为脊，生牛皮蒙之，下可藏十人，填隍推之，直抵城下，可以攻掘，金火木石所不能败，谓之轒辒车。"字亦作"轒辌"（《玉篇》、《广韵》）、"横楄"（《三国志·魏书·陈泰传》引《孙子》）或"枌楄"（《艺文类聚》卷六三引《孙子》）。

⑥此句简本无。

⑦距——读如"据"，是据附之义。堙——堆土之义。《十一家》作"闉"，是"堙"的通假字（《说文》："闉，城内重门也。"非此所当之义）。这里的"距堙"，是指堆积用来攻城的土山。曹操注："距堙者，踊土积高而前，以附其城也。"《公羊传》宣公十五年："（楚）于是使司马子反乘堙而窥宋城，宋华元亦乘堙而出见之。"注："堙，距堙，上城具。"《左传》襄公六年："甲寅，堙之，环城傅于堞。"注：

"周城为土山，及女墙。"《墨子·备城门》列"今之世常所以攻者"十二，其中有"堙"。《尉缭子·兵教下》："地狭而人众者，则筑大堙以临之。"《通典》卷一六〇："于城外起土为山，乘城而上，古谓之土山，今谓之垒道。"也是讲"距堙"。

⑧曹操注："将忿不待攻器成，而使士卒缘城而上，如蚁之缘墙，必杀伤士卒也。"《墨子·备城门》列"今之世常所以攻者"十二，其中有"蚁傅"。书中并有《备蛾傅》篇，云："蛾傅者，将之忿者也。""蛾"同"蚁"，"傅"同"附"；《逸周书·大明武》亦作"俄傅"。

⑨杀士卒——《通典》卷一六〇引和《十一家》无"卒"字。《孙膑兵法·杀士》和《尉缭子·兵令下》都有"杀士"之说，意思不是敌杀之或将杀之，而是士卒自愿效死拼命。

⑩毁——简本作"破"，二字义近。

3·3　故用兵之法[一]，十则围之，五则攻之，倍则分之，敌则能战之①，少则能逃之，不若则能避之。故小敌之坚，大敌之擒也②。

【校记】

〔一〕《武经》无"故"字。

【译文】

　　所以用兵之法，十倍于敌就围歼它，五倍于敌就进攻它，两倍于敌就分割它，势均力敌要能列阵而战，略弱于敌要能组织退却，敌我悬殊要能避免接触。所以小的对手若能集中力量，大的对手也会为之所擒。

【注释】

①战——它的本义主要是指野战，而野战最初又主要是指兵车对战。第一，它有别于突然袭击，往往指列阵而战，如《左传》庄公十一年："敌未陈曰败某师，皆陈曰战。"宋、楚泓之役，宋襄公"不鼓不成列"，就是恪守这一古训；第二，它有别于实力悬殊的攻守，专指旗鼓相当的对战，如上引《左传》"皆陈曰战"，注："坚而有备，各得其所，成败决于志力者也。"《管子·侈靡》："钧则战，守则攻。"

②曹操注："小不能当大也。"李筌注："小敌不量力而坚战者，必为大敌所擒也。"注家皆同其说。今案此说有误，《荀子·议兵》："是事小敌毳(脆)则偷可用也，事大敌坚则涣焉离耳。"其"小敌"、"大敌""坚"同此，是说碰上"小敌"脆弱还勉强可用，碰上"大敌"坚强就涣散瓦解，"坚"字并非贬义。我们认为，这两句或应解释为：小的对手如果能集中兵力，即使大的对手也可擒获。

3·4 夫将者，国之辅也。辅周则国必强，辅隙则国必弱。故君之所以患于军者三：不知军之不可以进而谓之进，不知军之不可以退而谓之退，是谓縻军；不知三军之事而同三军之政①〔一〕，则军士惑矣；不知三军之权而同三军之任，则军士疑矣。三军既惑且疑②，则诸侯之难至矣。是谓乱军引胜。

【校记】

〔一〕《十一家》"政"下有"者"字。

【译文】

将领，是国家的辅佐。辅佐周详则国家一定强大，辅佐疏忽则国家一定衰弱。所以国君给军队造成危害有三种情况：不知军队不可以进攻而硬要它进攻，不知军队不可以退却而硬要它退却，这就叫牵制军队；不知三军的事务而硬要参与三军之事的管理，士兵就会迷惑；不知三军的权限而硬要参与三军之职的委任，士兵就会怀疑。三军将士既迷惑又怀疑，那么诸侯各国举兵来袭的灾难就会降临。这就叫扰乱自己的军队而导致敌人的胜利。

【注释】

①三军——新疆吐峪沟六朝抄本《孙子兵法》、《通典》卷一五五、《御览》卷二七二引作"军中"。《左传》襄公十四年："成国不过半天子之军，周为六军，诸侯大之者，三军可也。"春秋时各大国往往皆具上、中、下或左、中、右三军。

②且疑——简本作"澄（既）疑"，《御览》卷二七二、《武经总要》前集卷一亦作"既疑"。

3·5　故知胜有五：知可以（与战）〔战与〕不可以（与）战者胜①〔一〕，识众寡之用者胜②，上下同欲者胜，以虞待不虞者胜，将能而君不御者胜③。此五者，知胜之道也。故曰：知彼知己〔二〕，百战不殆；不知彼而知己，一胜一负；不知彼，不知己，每战必败④〔三〕。

【校记】

〔一〕《十一家》作"知可以战与不可以战者胜"。

〔二〕《十一家》"己"下有"者"字。

〔三〕《十一家》"败"作"殆"。

【译文】

所以判断胜利有五条：知道自己可以作战或不可以作战的一方胜利；懂得力量配置的一方胜利；上下同心同德的一方胜利；以有准备对付无准备的一方胜利；将领有才干而国君不加干预的一方胜利。这五条，是判断胜利的根本。所以说：了解对手也了解自己，才能常胜不败；不了解对手而只了解自己，就会有胜有负；既不了解对手，也不了解自己，就会每战必败。

【注释】

①此句简本作"知可而战与不可而战胜"，"而"、"以"互通。《通典》卷一五〇、《御览》卷二七二、三二二引、《十一家》作"知可以战与不可以战者胜"(《御览》卷二七二引脱"知"字，卷三二二引"知可"下脱"以"字)，据正。

②识——简本、《通典》卷一五〇、《御览》卷三二二引作"知"，二字义近。

③御——干预。将既受命，得专军事，国君不得干预，这在古代是一种制度。如《六韬·龙韬·立将》述古代拜将受命之制曰："凡

国有难，君避正殿，召将而诏之曰：社稷安危，一在将军。今某国不臣，愿将军帅师应之。将既受命，乃命太史钻灵龟，卜吉日，斋三日，至太庙以授斧钺。君入庙门，西面而立。将入庙门，北面而立。君亲操钺，持首，授将其柄，曰：'从此上至天者，将军制之。'复操斧，持柄，授将其刃曰：'从此下至渊者，将军制之。……'将已受命，拜而报君曰：'臣闻国不可从外治，军不可从中御。二心不可以事君，疑志不可以应敌。臣既受命，专斧钺之威。臣不敢生还，愿君亦垂一言于臣。君不许臣，臣不敢将。君许之，乃辞而行。军中之事，不闻君命，皆由将出。临敌决战，无有二心。若此，则无天于上，无地于下，无敌于前，无君于后。……'"(《淮南子·兵略》)所述与此略同；又"无天于上"以下四句，亦见于《尉缭子·武议》)。《司马法》佚文："阃外之事，将军裁之。"(《公羊传》襄公十九年疏引)"进退惟时，无曰寡人。"(本篇曹操注引)《汉书·冯唐传》："臣闻上古王者遣将也，跪而推毂，曰：'阃以内寡人制之，阃以外将军制之；军功爵赏，皆决于外，归而奏之。'"也是说将出国门(国都之门)之外，则由将军自专。《左传》闵公二年载里克说："夫帅师，专行谋，誓军旅，君与国政之所图也，非太子之事也。师在制命而已，禀命则不威，专命则不孝，故君之嗣適不可以帅师。君失其官，帅师不威，将焉用之？"里克反对太子帅师，就是以将帅受命自专不合太子身份(太子是国君之子，要尽孝道，不当自专)为理由。故《尉缭子》之《兵谈》、《武议》说："将者，上不制于天，下不制于地，中不制于人。"

④败——《十一家》作"殆"。李筌注作"败"，杜佑注作"殆"。

(军)形第四

【解题】

"军"字衍，说见《(始)计》解题。"形"与下篇所论"势"是一对矛盾概念，也合称为"形势"。《汉书·艺文志·兵书略》载任宏论次兵书为四种，第一种是"权谋"，第二种就是"形势"，而所谓"权谋"也包括"形势"在内。任宏所说的"权谋"，应属战略学的范畴，特征是"以正守国，以奇用兵，先计而后战，兼形势，包阴阳，用技巧者也"。而"形势"应属战术学的范畴，特征是"雷动风举，后发而先至，离合背向，变化无常，以轻疾制敌者也"。任宏所说的"形势"，作为一个合成词，"形"和"势"似乎无别，都是指人为造成的态势，如银雀山汉简《奇正》："有所有余，有所不足，形势是也。""形势"就是指作为"奇正"之术的"势"，但"形"和"势"在《孙子》书中是有明显区别的。"形"含有形象、形体等义，是指战争中客观、有常、易见的诸因素。它主要同实力的概念、优势的概念有关。所以本篇反覆申说的内容主要是"胜可知而不可为"，"故善战者，立于不败之地，而不失敌之败也"。并把战争的物质准备（"地生度，度生量，量生数，数生称，称生胜")看作是取胜的根本条件。下篇也提到"强弱，形也"。另外，在《孙子》书中，"形"也常常作为动词，如下篇："形之，敌必从之"，《虚实》："故形人而我无形"，故形之而知死生之地"，"故形兵之极，至于无形"。这种"形"的概念是从前一种"形"的概念引申而来。用作者本人的话来解释，前一种概念的"形"是"我所以胜之形"，后一种概念的"形"是"吾所以制胜之形"。一个是原来具有的，一个是人为创造的；一个是静态的，一个是动态的，这是二者的区别。后一种概念的"形"，与"势"的含义已经无别。

4·1　孙子曰：昔之善战者①，先为不可胜，以待敌之可胜。不可胜在己，可胜在敌。故善战者，能为不可胜，不能使敌之必可胜〔一〕。故曰：胜可知，而不可为。不可胜者，守也；可胜者，攻也。守则不足，攻则有余②。善守者藏于九地之下，善攻者动于九天之上③，故能自保而全胜也。

【校记】

〔一〕《十一家》无"必"字。

【译文】

孙子曰：从前善战的人，总是先造成自己不可战胜，然后等待敌人可以被战胜。不可战胜在于自己，可以战胜在于敌人。所以善战的人，能够造成自己不可战胜，却不能使敌人必定被战胜。所以说：胜利可以预知，而不可强为。不可胜的一方，取守势；可以胜的一方，取攻势。取守势是因为力量不足，取攻势是因为力量有余。善于防守的人，好比隐伏藏匿在深不可测的地底；善于进攻的人，好比突然降临自高不可及的天空，所以能保存自己的力量，同时完整地夺取胜利。

【注释】

①今本"善战者"、"善用兵者"，简本往往都作"善者"。

②这两句，简本作"守则有余，攻则不足"。《汉书·赵充国传》："臣闻兵法：攻不足者守有余。"《后汉书·冯异传》："夫攻者不足，守则有余。"《潜夫论·救边》："攻常不足，而守恒有余也。"与今本正好相反。但《后汉书·皇甫嵩传》有"彼守不足，我攻有余"，李贤注谓出《孙子》之文。曹操等各家注亦皆就守不足攻有余立论，则至少曹注本已如此。

③善攻者——简本无此三字。九地、九天——梅尧臣注："九地，言深不可知；九天，言高不可测。""九天"见《楚辞》的《离骚》和《天问》、《鹖冠子·世兵》、《吕氏春秋·有始览》、《淮南子·天文》、《尚书考灵曜》、《广雅·释天》等书，是按九宫划分天宇，即钧天(中)、苍天(东)、变天(东北)、玄天(北)、幽天(西北)、颢天(西)、朱天(西南)、炎天(南)、阳天(东南)(案：此据《有始览》，《尚书考灵曜》和《广雅·释天》东方作"皞天"，西方作"成天"，南方作"赤天")。"九地"是对应于"九天"的星野划分，也叫"九野"，如《淮南子·原道》："上通九天，下贯九野。"《天一遁甲经》："九天之上，可以陈兵；九地之下，可以伏藏"(本篇李筌注引)，《玄女三宫战法》："行兵之道，天地之宝。九地九天，各有表

里。九天之上，六甲子也。九地之下，六癸酉也。子能顺之，万全可保。"（《后汉书·皇甫嵩传》注引）其说与遁甲术有关。遁甲式有"九地"、"九天"，李筌、陈皞援以释此。

4·2　见胜不过众人之所知，非善之善者也①；战胜而天下曰善，非善之善者也。故举秋毫不为多力②，见日月不为明目，闻雷霆不为聪耳③。古之所谓善战者，胜于易胜者也。故善战者之胜也④，无智名，无勇功，故其战胜不忒⑤。不忒者，其所措胜〔一〕，胜已败者也。故善战者，立于不败之地，而不失敌之败也。是故胜兵先胜而后求战，败兵先战而后求胜。善用兵者，修道而保法，故能为胜败之政⑥。

【校记】

〔一〕《十一家》"措"下有"必"字。

【译文】

预见胜利不出众人所知，算不上高明；战胜而天下誉为高明，也算不上高明。所以举起秋毫算不上力大，看见日月算不上眼明，听见雷霆算不上耳聪。古代所谓善战的人，是取胜于容易被战胜的对手。所以善战的人取胜，没有智慧之名，没有勇武之功，以至稳操胜券而没有差错。没有差错，是因为他的举措本身就是有胜利把握的，已经取胜于注定失败的敌人。所以善战的人，总是立于不败之地，而又不失去能造成敌人失败的机会。所以能够取胜的军队总是先有胜利的把握然后才去求战，必将失败的军队总是先投入战斗然后才想侥幸而取胜。善于用兵的人，修明政治并遵循法度，所以能掌握胜败。

【注释】

①简本《刑（形）》分甲、乙二本，此句乙本作"非善者也"。下句"非善之善者也"，甲本作"非[善者]也"，古本应相同。

②秋毫——鸟兽之毛，至秋更生，细而末锐，谓之秋毫。

③聪——"聪"的别体字。宋本皆作"聪"。

④此句简本作"故善者之战"，下并有"无奇胜"三字。

⑤"忒"，音 tè，差错。

⑥此句简本作"故能为胜败正"。"正"是主宰的意思，与《管子·水地》"为祸福正"、《老子》"清静为天下正"用法相同。"政"与"正"通。

4·3 兵法①：一曰度②，二曰量③，三曰数④，四曰称⑤，五曰胜。地生度，度生量，量生数，数生称，称生胜⑥。故胜兵若以镒称铢⑦，败兵若以铢称镒。

【译文】

出军之法包含了五个环节：一是丈度，二是称量，三是人数，四是比较，五是胜利。土地产生土地面积的丈度；土地面积的丈度决定粮食产量的称量；粮食产量的称量决定可养农户和出兵的人数；可养农户和出兵的人数决定敌我力量的对比；敌我力量的对比决定胜负。所以胜利的军队好比是用镒来称量铢，失败的军队好比是用铢来称量镒。

【注释】

①兵法——简本作"法"。指下文所述算地出卒之法。

②度——《汉书·律历志上》："度者，分、寸、尺、丈、引也，所以度长短也。"

③量——《汉书·律历志上》："量者，龠、合、升、斗、斛也，所以量多少也。"

④数——《汉书·律历志上》："数者，一、十、百、千、万也。所以算数事物，顺性命之理也。"

⑤称——《说文》："称，铨也。"曹操注："称量己与敌孰愈也。"杜牧注："称，校也。"是比较敌我之义。

⑥这段话是说，由土地面积(用"度"具来丈量)决定粮食产量(用"量"器来称量)，由粮食产量决定出兵数量，由出兵数量决定敌我力量对比，由敌我力量对比决定胜负。《管子·揆度》谓"耕田万顷"可"为户万户，为开口十万人，为〔当〕分者万人"，《商君书》之《算地》、《徕民》谓"方土百里"(或"地方百里")，"恶田处什二，良田处什四"(合耕田五万四千顷)，可"食作夫五万"(约数，实为五万四千)，可"出战卒万人"(约数，实为一万零八百人)，是以田一顷授田一户、出卒一人，皆古算地出卒之法。

⑦镒——见《作战》注⑩。铢——《汉书·律历志上》："一龠容千二百黍，重十二铢，两之为两。二十四铢为两。"据出土战国衡器和记重铜器，一铢重约0.65克，与镒的重量之比为1∶576，相当悬殊。

4·4　胜者之战〔民也〕^①^{〔一〕}，若决积水于千仞之溪者^②，形也。

【校记】

〔一〕《十一家》"战"下有"民也"二字。

【译文】

在实力对比上取得优势的一方，使用人民作战，就像从千仞之高的溪谷往下放积水，这就是"形"啊。

【注释】

①胜者——简本作"称胜者"，承上"称生胜"，于义为长。战民——即《势》所说的"战人"，指用民于战。今本脱"民也"二字，此据简本及《十一家》补。

②仞——人平伸双臂的长度，古人有"七尺一仞"和"八尺一仞"两说(还有五尺六寸和四尺等说)。案人平伸双臂约与身高等，古人所说普通人的身高是七尺，如《荀子·劝学》："口耳之间则四寸耳，曷足以美七尺之躯哉?"战国时的七尺约合今 161.7 厘米，八尺约合 184.8 厘米，后者可能是大仞或者使用尺度较短。溪——简本作"墝"。《说文》："墝，圬也。"字同"墥"、"墇"。《鬼谷子·抵巇》："圣人见萌牙巇墝则抵之以法。"陶弘景注："墝者，峒也。""墝"与"溪"含义相近。

(兵)势第五

【解题】

"兵"字衍,说见《(始)计》解题。"势"含有态势之义,是指战争中人为、易变、潜在的诸因素。它与"形"相反,多指随机的和能动的东西,如指挥的灵活、士气的勇怯,等等。在《计》中,作者把"势"看作是利用优势,制造机变("势者,因利而制权也")。在本篇中,作者则强调指出,"势"是以"奇正"之术(兵力的战术配置)为主要内容,并且在实施中要取决于士兵临战的实际发挥,特别是随环境变化的"勇怯"("勇怯,势也")。

战国时期,由于整个战争方式和军事制度的改变,军事艺术也相应发生变化。战国时期的军队是以"隆势诈,尚功利"为特点(见《荀子·议兵》)。当时的许多大军事家,如孙膑即以"贵势"而著称(见《吕氏春秋·不二》)。出土简本《孙子兵法》,其篇次也是以《势》在前而《形》在后。

5·1　孙子曰:凡治众如治寡,分数是也①;斗众如斗寡,形名是也②;三军之众,可使(必)〔毕〕受敌而无败者③，奇正是也④；兵之所加，如以(碫)〔破〕投卵者⑤，虚实是也⑥。

【译文】

孙子说：管理大量士兵如同管理少量士兵，是靠"分数"；指挥大量士兵作战如同指挥少量士兵作战，是靠"形名"；三军士兵，可使四面受敌也不会失败，是靠"奇正"；兵力所向，如同以石击卵，是靠"虚实"。

【注释】

①分数——指军队编制，即《计》所说"曲制"。《管子·七法》："曲制时举，……其数多少，其要必出于计数。"《侈靡》："分其多少以为曲政。"《尉缭子·兵教下》："谓曲折相从，皆有分部也。"曹操注："部曲为分，什伍为数。""分"是指编制的层级划分，如军、师、旅、卒、两、什、伍，"数"是指各级编制的定员，如五人为伍，十人为什，二十五人为两，百人为卒，等等。

②斗众——《墨子·号令》："凡将率斗其众，失法，杀。"是指挥众人作战的意思。形名——事物的形体和名称，本是先秦名家(也叫形名家)的术语，但也被当时的兵家和法家采用。这里"形名"是指军队的指挥号令系统，即所谓金鼓旌旗之制。本书《军争》："《军政》曰：'言不相闻，故为之金鼓；视不相见，故为之旌旗。'夫金鼓旌旗者，所以一人之耳目也。人既专一，则勇者不得独进，怯者不得独退，此用众之法也。"曹操注："旌旗曰形，金鼓曰名。"《墨子·旗帜》："守城之法，木为苍旗，火为赤旗，薪、樵为黄旗，石为白

旗，水为黑旗，食为菌（囷）旗，死士为仓（苍）英（鹰）之旗，竟（竞）士为雩（虎）旗，多卒为双兔之旗，五尺童子为童旗，女子为梯（姊）末（妹）之旗，弩为狗旗，戟为菰旗，剑盾为羽旗，车为龙旗，骑为鸟旗。凡所求索，旗名不在书者，皆以其形名为旗。城上举旗，备具之官致财物，（之）足而下旗。"则以"形名"为旗帜。

③必——简本作"毕"。王晳注："'必'当作'毕'，字误也。奇正还相生，故毕受敌而无败也。"与简本合，据正。

④奇正——奇音机(jī)，古代兵家重要术语。据《李卫公问对》，"正"一般指交战开始时投入、与敌做正面接触的主攻部队；"奇"一般指将军手中留下做侧翼接应或发动突袭的机动部队。这一概念与古代数学的奇、偶概念和余数概念有关。古人认为"余奇"即"一"是数字变化的关键：任何偶数加一都可变为奇数，任何奇数减一都可变为偶数。也就是说，只要手中留有"余奇"，就有可能造成任何变化。同样，在军事上，机动力量也被称为"余奇"。虽然这种机动力量似乎只是一种"追加"，但这种"追加"却往往是关键的一击，有如扣动弩机，也是造成各种变化的关键。参看法国学者魏立德《关于〈孙子兵法〉中的数理逻辑》(收入《孙子新探》，解放军出版社1990年版，122—130页)。银雀山汉简《奇正》："刑（形）以应刑（形），正也；无刑（形）而裂（制）刑（形），奇也。……同不足以相胜也，故以异为奇。是以静为动奇，失（佚）为劳奇，饱为饥奇，治为乱奇，众为寡奇。发而为正，其未发者奇也。"《尉缭子·勒卒令》："故正兵贵先，奇兵贵后，或先或后，制敌者也。"曹操注："先出合战为正，后出为奇。""正者当敌，奇兵从旁击不备也。"《李卫公问对》引

《曹公新书》：“己二而敌一，则一术为正，一术为奇；己五而敌一，则三术为正，二术为奇。”都是用以解释“奇正”的概念。兵贵出奇，亦犹筮法之重“归奇”，《老子》五十七章：“以正治国，以奇用兵。”

⑤碬——王晳注：“锻，冶治铁也。”是其所据本或作“锻”。孙星衍《孙子十家注》：“按‘碬’当为‘碫’，从段，唐以后多‘遐’音者，以字之讹而作音也。至王晳又以冶铁之‘锻’当之，更谬。”案《说文》：“碫，厉石也。从石假声。《春秋传》曰：‘郑公孙碫字子石。’”今本《左传》“公孙碫”作“公孙段”，《说文》“碬”字盖唐以来抄误。可见“碬”字乃是“碫”之讹，今据简本改正。《诗·大雅·公刘》：“取厉取锻。”（《唐石经》作“锻”，阮刻本作“锻”）《释文》：“锻，本又作碫。”“碬”亦“碫”之假（“碫”作“锻”，与王晳注同）。“碫”是磨刀石，《广雅·释器》：“碫，砺也。”《玉篇》：“碫，砺石也。”（另有“碬”字，云：“高下也。”）《公刘》传：“锻，石也。”笺：“锻石，所以为锻质也。”乃据“锻”字以释“碫”字，非是。

⑥虚实——指兵力的集中和分散，详《虚实》。

5·2　凡战者，以正合，以奇胜。故善出奇者，无穷如天地，不竭如江海〔一〕。终而复始，日月是也；死而更生〔二〕，四时是也。声不过五，五声之变①，不可胜听也；色不过五，五色之变②，不可胜观也；味不过五，五味之变③，不可胜尝也〔三〕；战势不过奇正，奇正之变，不可胜穷也。奇正相生④，如循环之无端⑤，孰能穷之哉〔四〕！

【校记】

〔一〕《十一家》"海"作"河"。

〔二〕《十一家》"更"作"复"。

〔三〕《武经》"尝"作"甞"。

〔四〕《十一家》无"哉"字。

【译文】

　　一般作战，是以"正"兵接敌，以"奇"兵取胜。所以善用"奇"兵出击的人，〔其战术变化，〕无穷有如天地，不竭有如江海。结束了又重新开始，那是日月出没；死去了又重新复活，那是四季变换。音阶不过五种，五种音阶的变化，听也听不过来；颜色不过五种，五种颜色的变化，看也看不过来；味道不过五种，五种味道的变化，尝也尝不过来；作战的态势不过"奇正"，但"奇正"的变化，是不可穷尽的。"奇"与"正"相互转化，如同圆圈找不到终端，谁能够穷尽它呢！

【注释】

　　①五声——又叫"五音"，即角、徵、宫、商、羽五种音阶，见《礼记·月令》等书。

　　②五色——青、赤、黄、白、黑五种颜色，见《礼记·月令》等书。

　　③五味——酸、苦、甘、辛、咸五种味道，见《礼记·月令》等书。

　　④此句简本作"奇正环相生"。《史记·田单列传》、《三国志·魏书·王昶传》注、《文选》卷六《魏都赋》刘良注、卷二九《杂诗》李

善注均作"奇正还相生"。

⑤此句简本、《史记·田单列传》、《文选》卷六《魏都赋》刘良注、卷二九《杂诗》李善注、《长短经·奇正》引无"循"字，但《三国志·魏书·王昶传》注引有"循"字。

5·3　激水之疾，至于漂石者①，势也；鸷鸟之疾②，至于毁折者，节也。故善战者〔一〕，其势险，其节短。势如彍弩③，节如发机④。

【校记】

〔一〕《十一家》"故"上有"是"字。

【译文】

湍激的流水速度之快，竟使水中的石头漂起，是借助水势；猛禽的搏击，竟使小动物当即毙命，是靠掌握节奏。所以善战的人，他所造成的态势是险峻的，他所掌握的节奏是短促的。制造态势有如张满强弩，掌握节奏有如扣动扳机。

【注释】

①《管子·度地》："夫水之性，以高走下，则疾至于漂（漂）石。"

②鸷鸟——"鸷"音 zhì，《说文》："鸷，击杀鸟也。"指善于攫捕小动物的猛禽，如雕、鹗、隼等。

③彍弩——"彍"音 guō，同"彉"。《说文》："彉，弩满也。""彍弩"犹"扩弩"，是张弩的意思。弩是一种用弩机发射的弓，见于出土

发现，最早属于战国时期。战国时期的弩，弩机往往没有铜"郭"（机身），只有木"郭"。

④发机——弩"机"装在弩"臂"的后部，有"牙"用以钩弓弦，有"望山"用以瞄准，有"悬刀"用以扳动"牙"发矢。

5·4　纷纷纭纭①，斗乱而不可乱〔一〕；浑浑沌沌②，形圆而不可败〔二〕。乱生于治，怯生于勇，弱生于强③〔三〕。治乱，数也④。勇怯，势也。强弱〔四〕，形也⑤。

【校记】

〔一〕《十一家》句末有"也"字。

〔二〕《十一家》"败"下有"也"字。

〔三〕《武经》、《十一家》"强"作"彊"。

〔四〕《武经》、《十一家》"强"作"彊"。

【译文】

纷纷纭纭，战斗混乱却有条不紊；混混沌沌，阵容严整而无隙可乘。混乱产生于整齐，怯懦产生于勇敢，虚弱产生于强大。整齐与混乱，属于"分数"；勇敢与怯懦，属于"势"；强大与虚弱，属于"形"。

【注释】

①此句形容头绪纷乱。

②此句形容形状不清。

③这是说部队投入战斗，一开始往往是整齐的、勇敢的和强大

的，但投入战斗后问题往往就暴露出来，逐渐向对立面转化。

④数——即上文"分数"。

⑤此处先述"势"而后述"形"，与简本《势》在前、《刑(形)》在后相合。

5·5　故善动敌者，形之①，敌必从之；予之，敌必取之。以利动之②，以(本)〔卒〕待之③〔一〕。故善战者，求之于势，不责于人，故能择人而任势④。任势者，其战人也，如转木石。木石之性，安则静，危则动，方则止，圆则行。

【校记】

〔一〕《十一家》"本"作"卒"。

【译文】

所以善于调动敌人的将帅做出样子，敌必信从；给予好处，敌必接受。用小利去调动敌人，用重兵去守候敌人。所以善战的人，只求之于"势"，而不求之于人，所以能放弃人而依赖"势"。依赖"势"的人，指挥士兵作战，有如转动滚木圆石。木头石块的特性，平放则静止，倾侧则滚动，方形则停止，圆形则前进。

【注释】

①形之——指示形于敌。

②利——简本作"此"。

③本——简本、《长短经·掩发》、《御览》卷二七〇引、《十一

家》皆作"卒"，杜牧、梅尧臣等各家注亦以"卒"字为释，唯《李卫公问对》引作"以本待之"，故张预注云"李靖以'卒'为'本'"。此乃形近而误，今正为"卒"。

④择——古人往往假"择"为"释"，此句应读为"故能释人而任势"，意思是放弃人而依赖"势"。参看泷川资言《史记会注考证》下册(上海古籍出版社1986年版第2043页)及裘锡圭《说"河海不择细流"》和《说"择人而任势"》(笔名"求是"，发表于《文史》第九辑和第十一辑)。

5·6　故善战人之势，如转圆石于千仞之山者，势也。

【译文】

所以善于指挥士兵作战的人所造成的"势"，有如从千仞高山上滚下圆石，这就是"势"啊！

虚实第六

【解题】

简本"虚实"作"实虚"。"虚实"是指兵力的相对集中和相对分散。它与"奇正"不同,"奇正"是将己方兵力投入实际战斗时所做的战术配置,而"虚实"则是指通过分散集结的运动变化以造成预定会战地点上的我强敌劣("我专而敌分"、"我众敌寡")。作者也把这种"避实击虚"、"以众击寡"的运用之妙称作"形兵"。这种"形兵"的"形"是一种人为造成的态势,具有相当大的随机性质,所以作者也称之为"无形"。

6·1　孙子曰:凡先处战地而待敌者佚,后处战地而趋战者劳。故善战者,致人而不致于人①。能使敌人自至者,利之也;能使敌人不得至者,害之也。故敌佚能劳之,饱能饥之,安能动之②,出其所(不)〔必〕趋③,趋其所不意④。

【译文】

孙子说：一般先到达会战地点等待敌人的则安逸，后到达会战地点仓卒应战的则疲劳。所以善战的人，总是使敌人前来就我而不是自己前往就敌。能使敌人自动前来，是以利引诱的结果；能使敌人不能前来，是以害阻挠的结果。所以敌人安逸能使之疲劳，饱食能使之饥饿，安静能使之骚动，向敌人必定前往的方向出动，却使敌人意料不到我军正在前往。

【注释】

①使人至叫"致"。杜牧注："致，令敌来就我，我当蓄力待之，不就敌人，恐我劳也。"

②此句简本无。

③不——简本、《御览》卷二七〇、三〇六、《长短经·格形》引均作"必"，据正。如作"不趋"，等于说我所出击之处根本没有敌人前往，义不可通。

④此句简本、《御览》卷二七〇、三〇六引无。

6·2　行千里而不劳者①，行于无人之地也；攻而必取者，攻其所不守也；守而必固者，守其所(不)〔必〕攻也②。故善攻者，敌不知其所守；善守者，敌不知其所攻。微乎微乎，至于无形；神乎神乎，至于无声，故能为敌之司命。进而不可御者③，冲其虚也；退而不可追者④，(速)〔远〕而不可及也⑤。故我欲战，敌虽高垒深

沟⑥，不得不与我战者，攻其所必救也；我不欲战，虽
画地而守之⑦〔一〕，敌不得与我战者，乖其所之也⑧。故
形人而我无形，则我专而敌分⑨。我专为一，敌分为十，
是以十攻其一也⑩，则我众敌寡⑪〔二〕。能以众击
寡⑫〔三〕，则吾之所与战者约矣。吾所与战之地不可知，
(不可知)则敌所备者多⑬；敌所备者多，则吾所与战者寡
矣。故备前则后寡，备后则前寡，备左则右寡，备右则
左寡⑭，无所不备，则无所不寡。寡者，备人者也；众
者，使之备己者也。故知战之地，知战之日，则可千里
而会战；不知战地，不知战日，则左不能救右，右不能
救左，前不能救后，后不能救前⑮，而况远者数十里，
近者数里乎！

【校记】

〔一〕《十一家》无"虽"字。

〔二〕《十一家》"众"下有"而"字。

〔三〕《武经》"寡"下有"者"字。

【译文】

千里行军而不觉疲劳，是由于行进在没有敌人的地方；攻打
而一定夺取，是由于攻打的是敌人未经设防之处；防守而一定牢
固，是由于设防于敌人必然进攻之处。所以善于进攻的人，敌人
不知该在哪里设防；善于防守的人，敌人不知该从哪里进攻。微

妙啊微妙，竟然无形可见；神秘啊神秘，竟然无声可闻，所以可以做敌人命运的主宰。前进而不可抵御，是由于冲击敌人的薄弱之处；撤退而不可追击，是由于远远甩开敌人让它赶不上。所以我要决战，敌人哪怕有高垒深沟，也不得不与我决战，这是由于攻打它必须援救之处；我不愿意决战，哪怕是划地为营而据守，敌人却不能与我决战，这是由于反其意而行之。所以我能驱策敌人而不被敌人驱策，以致造成我方的兵力集中和敌方的兵力分散。我将兵力集中为一股，敌人将兵力分散为十股，便相当于我以十倍于敌的兵力攻击敌人，也就是说我方为优势，敌方为劣势。能以优势进攻劣势，那么与我决战的敌人就显得少了。我所与敌决战的地点不为人知，那么敌人设防之处就会增多；敌人设防之处增多，那么与我决战的敌人就会减少。所以前面设防则后面虚懈，后面设防则前面虚懈，左翼设防则右翼虚懈，右翼设防则左翼虚懈，到处设防则到处虚懈。劣势，是防备别人的一方；优势，是使别人防备自己的一方。所以知道会战地点和会战时间，才能千里行军前往会战；不知道会战地点和会战时间，就会左翼不能救援右翼，右翼不能救援左翼，前面不能救援后面，后面不能救援前面，更何况是只有数十里或数里远近呢！

【注释】

①劳——简本作"畏"。

②不——简本、《御览》卷三一七引作"必"，据正。此句意思是说，我防守牢不可破，是因为恰好将防守力量配置在敌人意图进攻的地方，这是文通字顺的讲法。今本作"不攻"，以我设防之处当敌

不攻之处，义不可通。疑今本是据杜牧注"不攻尚守，何况其所攻乎?"("不攻"是指下句，非此句)而误改。

③御——简本作"迎"。指拒御敌人，《墨子·迎敌祠》"迎"字即此义。迎、御含义相近。

④追——追上。简本作"止"，是制止之义。

⑤速——简本、《御览》卷三一七引及李筌注均作"远"，据正。今本"速"盖据曹注"退又疾也"误改。

⑥此句简本似无。高垒深沟——军队安营布阵所设防御工事，其法起于古代沟树制度。案古代常用沟树表示各种范围，所谓"皆有地域沟树之"，大至于国家疆界，小至于田里邑居，每一级都有每一级的沟树范围。其做法是先挖沟，把挖出来的土垒成封垺，然后再在封垺上种树(见《周礼》之《大司徒》、《封人》、史游《急就篇》、崔豹《古今注》)。古代的城墙和营垒都是从这种制度发展而来。《管子·制分》："故善用兵者，无沟垒而有耳目。"《孙膑兵法·陈忌问垒》："疾利(蒺藜)者，所以当钩(沟)池也。车者，所以当垒〔也〕。〔□□者〕，所以当堞也。发者，所以当俾(埤)堄也。……垒上弩戟分。"《尉缭子·分塞令》："中军、左、右、前、后军，皆有分地，方之以行垣，而无通其交往。将有分地，帅有分地，伯有分地，皆营其沟域，而明其塞令，使非百人无得通。……军中纵横之道，百有二十步，而立一府柱，量人与地，柱道相望，禁行清道。非将吏之符节，不得通行。""沟"是壕沟，"垒"是垒土而成或用其他东西所构筑的屏障。

⑦画地——本为一种画地为方，不假城池，禁鬼魅虎狼的防身

巫术。参看马王堆帛书《养生方·走》、《抱朴子·登涉》。兵家也用来指营垒的规划。《李卫公问对》卷中有《太公书》画地法和李靖六花阵画地法，可参看。这里指划定范围，不用沟垒，喻其至易。

⑧乖——简本作"膠"，"膠"古通"谬"。《逸周书·谥法》："名与实爽曰'缪'（谬）。"《汉书·韦贤传》："违离祖统，乖缪（谬）本义。""乖"、"谬"互训，含义相近。曹操注："乖，戾也。戾其道，示以利害，使敌疑也。"

⑨专——集中。简本作"槫"。《说文》有"嫥"字，云"壹也"。分——分散。

⑩攻——简本作"击"，《通典》卷一五八、《御览》卷三一三引作"共"。"攻"、"击"义同，"共"是"攻"的通假字。

⑪简本作"我寡而适（敌）众"，上无"则"字。

⑫简本"众""寡"两字互倒，是说敌虽众，我若能以十击一，则寡可胜众。

⑬不可知——简本不重文，应删去。

⑭简本似无"备后则前寡"、"备右则左寡"两句。

⑮自"故知战之地"至此数句，简本作"知战之日，知战之地，千里而战。不〔知战之〕日，不知战之地，前不能救后，后不能救前，左不能救〔右，右〕不能救左"。顺序与今本不同，先言战日，后言战地；先言前后相救，后言左右相救。

6·3　以吾度之①，越人之兵虽多，亦奚益于胜哉②〔一〕！

【校记】

〔一〕《十一家》"胜"下有"败"字。

【译文】

依我看来，越国人的兵力虽多，对它的取胜又有什么帮助呢？

【注释】

①吾——张预注："'吾'字作'吴'，字之误也。"明清版本或作"吴"，乃据张说妄改。

②此句反映吴、越相仇，与《九地》同。

6·4　故曰：胜可为也①，敌虽众，可使无斗。故策之而知得失之计②，(作)〔候〕之而知动静之理③，形之而知死生之地④，角之而知有余不足之处⑤。故形兵之极，至于无形。无形则深间不能窥，智者不能谋。因形而措胜于众〔一〕，众不能知。人皆知我所以胜之形，而莫知吾所以制胜之形⑥，故其战胜不复⑦，而应形于无穷。

【校记】

〔一〕《十一家》"措"作"错"。

【译文】

所以说：胜利是可以争取的，敌人再多也可以让它停止战斗。所以通过运筹决策可以知道双方的得筹多少，通过刺探敌情可以知道敌人的动静虚实，通过陈师部列可以知道地形的死生之势；通过实际较量可以知道双方的兵力众寡。所以部署兵力的最高水平，是达到无形可见。无形可见则潜伏再深的间谍也无法刺探，足智多谋的人也无法揣测。运用分散集结的变化引导士兵夺取胜利，士兵无法了解。人们都知道我取得胜利的态势，却不知道我是怎样造成这种胜利态势的，所以每次作战取胜都不会重复旧的方法，总是能顺应各种形势变化而不断地变换战术。

【注释】

①《形》："胜可知而不可为。"是说将帅不能超越客观条件去人为地制造胜利，这里的"胜可为"则是说将帅可因敌而制胜。简本"为"作"擅"，《说文》："擅，专也。"是说我可得到胜利的主动权，与今本含义有别。

②策之——用筹策计算。《老子》："善数，不用筹策。"策与筹、算是一类东西，都是用以计算或占卜的草棍、木棍或竹棍等。得失之计——指得算、失算。此句简本作"计之〔而知〕得失之□"，疑今本"计"与"策"应互倒。

③简本作"绩之而知动〔静〕……"，整理者认为"绩"当读为"迹"，但《通典》卷一五〇、《长短经·料敌》、《御览》卷三二三引作"候之而知动静之理"。疑简本"绩"当读为"刺候"之"刺"（"刺"、"绩"同从束得声），故唐人写本或作"候"。今本"作"应是"候"字之误，指侦伺敌情以知其动静，今正为"候"。

④形之——指形兵，即制造态势。此句是说措兵于地，知其战势死生。

⑤角之——指敌我双方在实战中竞力争胜，而不是指计算上的比较敌我。案"角"本指动物的触角，并由动物的角斗、角抵，引申为人的竞力游戏。"角"与"校"意义相通，但"角"古音为侯部，"校"古音为宵部，不是通假字。旧注多训"角"为"量"，非也。王晳注："角，谓相角也。角彼我之力，则知有余不足之处。"得之。

⑥制胜之形——简本作"制刑（形）"。据此，"制形"应分析为"制胜之形"。

⑦简本作"所以胜者不……"。

6·5　（夫）兵形象水，水之（形）〔行〕避高而趋下①，兵之形避实而击虚②；水因地而制（流）〔行〕③，兵因敌而制胜。故兵无常势④，水无常形⑤。能因敌变化而取胜者⑥，谓之神⑦。故五行无常胜⑧，四时无常位〔一〕，日有短长⑨，月有死生⑩。

【校记】

〔一〕《武经》"常"作"恒"。

【译文】

军队的态势好像流水，水的流动总是从高处流向低处，军队的态势总是避开敌人的坚实之处而进攻其虚懈之处；流水是根据地势而决定流向，军队也是因敌而制胜。所以军队没有固定不变的态势，流水没有固定不变的形状。能够根据敌人的变化去夺取胜利的人，叫做"神"。所以五行没有固定的相克，四季没有固定的位置，白昼有长有短，月亮有盈有亏。

【注释】

①水之形——简本、《治要》卷三三引作"水行"，《御览》卷二七○引作"水之行"，据正。

②兵之形——简本作"兵胜"。

③流——简本、《刘子·兵术》、《书钞》卷一一三、《治要》卷三三、《通典》卷一五八、《文选》卷一○潘安仁《西征赋》、卷二九张景阳《杂诗》、卷三七曹子建《求自试表》、卷四七扬子云《赵充国颂》、卷五八王仲宝《褚渊碑文》李善注、《御览》卷二七○引均作"行"，据正。

④常——简本、《刘子·兵术》引作"成"，《治要》卷三三引作"定"。

⑤此句简本作"无恒刑（形）"，上无"水"字，是承上为句，不指流水。今本"恒"作"常"，是避汉文帝讳而改字。《计》："此兵家之胜，不可先传也"，曹注云："兵无常势，水无常形"，同此。

⑥因——简本、《治要》卷三三、《文选》卷三七曹子建《求自试表》李善注、《御览》卷二七○引作"与"，《通典》卷一五八引同今本，但卷一六一引作"随"。

⑦此句简本作"能与敌化之胃（谓）神"。

⑧此句简本句首无"故"字。五行——水、火、土、金、木。常——简本作"恒"。胜——指五行相克，即古人所谓"五胜"。《史记·历书》："而亦颇推五胜，而自以为获水德之瑞。"

⑨一年之内，昼夜长短互为消长，有所谓"日夕十六分比"（见睡

虎地秦简《日书》)。《吕氏春秋·仲夏纪》:"是月也,日长至。"注:
"夏至之日,昼漏水上刻六十五,夜漏水上刻三十五,故曰〔日〕长
至。"《仲冬纪》:"是月也,日短至。"注:"冬至之日,昼漏水上刻四
十五,夜〔漏〕水上刻五十五,故曰日短至。"一年之中夏至之日白天
最长,冬至之日白天最短,是谓"日有短长"。

⑩月有盈亏,古人叫做"生霸"、"死霸"。"霸"字亦作"魄",是
月之光明。生霸是指月生光明,死霸是指月光由明而转晦(详俞樾
《生霸死霸考》,在《春在堂全书》卷十《曲园杂纂》内)。生霸又分哉
生霸、既生霸、既旁生霸等名,死霸又分既死霸、旁死霸等名。其
中既生霸、既死霸为金文中最常见的四种月相中的两种,其所当具
体日期目前学术界尚无定论。

军争第七

【解题】

"军争"，指两军争夺会战的先机之利，即先敌到达会战地点，取得作战的有利条件。

作者认为，在战争全过程中，军争难度最大，包含许多矛盾。如你要先敌到达，从表面上看似乎以抄近道为最便捷，但抄近道会暴露意图，遭敌阻截；你要携带全部辎重争利就会赶不上，但没有辎重军队也无法生存。此外，还有像如何照顾行军动作的协调一致，如何保持士气、心理、体力上的优势，以及如何防敌有诈等等，往往很难处理。正是注意到这些矛盾，所以作者认为"军争之法"应当"以迂为直，以患为利"。

7·1　孙子曰：凡用兵之法，将受命于君①，合军聚众，交和而舍②，莫难于军争③。军争之难者，以迂为直④，以患为利⑤。

【译文】

孙子说：一般的用兵方法，从将领受命于君主，征集军队，到两军对垒，没有比"军争"（两军争利）更困难的。"军争"的困难，在于把弯路当作直路，把患害当作有利。

【注释】

①受命——《左传》闵公二年："帅师者，受命于庙，受脤于社，有常服矣。"《淮南子·兵略》："凡国有难，君自宫召将，诏之曰：'社稷之命在将军，即今国有难，愿请子将而应之。'将军受命，乃令祝史太卜斋宿三日，之太庙，钻灵龟，卜吉日，以受旗鼓……"

②交和——营垒之门相对。《周礼·夏官·大司马》："遂以狩田，以旌为左右和之门。"注："军门曰'和'，今谓之'垒门'，立两旌以为之。"《韩非子·外储说左上》也提到"左和"、"右和"。曹操注："军门为和门，左右门为旗门，……"古代营垒之门叫"和"，六军分左、右二偏，每偏各有一门，叫"左和"、"右和"；三军只有一正门，也叫"和"。"和"也叫"军门"或"垒门"。参看孙诒让《周礼正义》卷五六的讨论。"交和而舍"，指两军对垒。两军对垒意味着会战即将开始。《战国策·齐一》："与秦交和而舍。"

③军争——两军争利。两军争利在"将受命于君，合军聚众"之后、"交和而舍"之前，所争即会战的先机之利，在战争全过程中复杂程度最高。

④这是说，直道便捷，但容易暴露意图，遭敌阻截，欲速不达，反而不如采取表面上似乎迂回而实际上是便捷的路线。

⑤这是说，抢速度与保辎重和照顾行军动作的协调一致往往有

矛盾，应采取表面上似乎有害而实际上是有利的措施。

    7·2　故迂其途而诱之以利①，后人发，先人至②，此知迂直之计者也。军争为利〔一〕，（众）〔军〕争为危③〔二〕。举军而争利则不及，委军而争利则辎重捐④。是故卷甲而趋⑤，日夜不处，倍道兼行，百里而争利⑥，则擒三将军⑦，劲者先，疲者后，其法十一而至；五十里而争利⑧，则蹶上将军⑨〔三〕，其法半至；三十里而争利⑩，则三分之二至。是故军无辎重则亡，无粮食则亡，无委积则亡⑪。

【校记】

〔一〕《十一家》"军"上有"故"字。

〔二〕《十一家》"众"作"军"。

〔三〕《十一家》"蹶"作"厤"。

【译文】

    所以采取迂回的路线并诱敌以利，比敌人晚出发，但比敌人先到达，这才是懂得弯路和直路两者的关系。军争既有其利也有其害。携带全部辎重与敌争利就会赶不上，放弃全部辎重与敌争利就会损失辎重。所以卷起铠甲赶路，日夜不停，加倍赶路，走一百里路与敌争利，那么三军将领就可能全部被俘，士兵体力充沛的跑在前面，疲惫的落在后面，通常只有十分之一可以按期到达；走五十里路与敌争利，会折损上将军，通常只有一半可以按期到达；走三十里路与敌争利，通常只有三分之二可以按期到

达。所以军队没有辎重会灭亡，没有粮食会灭亡，没有储备会
灭亡。

【注释】

①其——指己方。之——指敌方。

②《荀子·议兵》："上得天时，下得地利，观敌之变动，后之
发，先之至，此用兵之要术也。"

③这是说，军争有其利，亦有其害。众——简本、《十一家》作
"军"。《十一家》云："又一本作'军争为利，众争为危'。"即同此本。
《通典》卷一五四引亦作"众争为危"。此从简本及《十一家》。

④辎重——本指载物之车，这里指军用物资（服装、军械等）。
案"辎"，本义是辎车；"重"，本义是重车，辎车亦名重车。《左传》
宣公十二年"楚重至于邲"，注："重，辎重也。"疏："辎重，载物之
车也。蔽前后以载物，谓之辎车；载物必重，谓之重车。"《说文》：
"辎，辀车前，衣车后也。"《释名》："辎车，载辎重卧息其中之车
也。辎，厕也。所载衣物杂厕其中也。'辎'、'辀'之形同，有邸曰
'辎'，无邸曰'辀'。"《集韵》引《字林》："辎，载衣物车，前后皆
蔽，若今库车。"《宋书·礼志》引《字林》："辀车有衣蔽无后辕，其
有后辕者谓之'辎'。"辎车与辀车、衣车类似。辀车四面皆有衣蔽；
衣车后有衣蔽，而前开户；辎车前有衣蔽，而后开户，且有后辕。

⑤卷甲——卷起铠甲。负重行军是古代考核步卒的重要项目，
如《荀子·议兵》记魏选拔"武卒"，试者"衣三属之甲，操十二石之
弩，负服（箙）矢五十个，置戈其上，冠䩜（胄）带剑，赢三日之粮，
日中而趋百里。"

⑥百里——《左传》庄公三年："凡师，一宿为舍，再宿为信，过信为次。"当时行军是以日行30里(约合今24.8里)为常规速度。每行30里要宿营，叫"舍"，因以"舍"作为计算行军里程的单位。古人认为，双方军队如果相距30里以上，一般说就超出了可以接触的范围。所以《左传》常有以"退舍"表示退让或求得媾和的例子(如晋文公"退避三舍")。《司马法·仁本》也有"纵绥不过三舍"(追击败军不可超过三舍之地)的说法。这里日行百里已超出三舍。

⑦三将军——三军之帅皆称将军。

⑧五十里——相当1又2/3舍。

⑨蹶——挫折。《广雅·释诂三》："蹶，败也。"曹操注："蹶，犹挫也。"上将军：简本和《史记·孙子吴起列传》引作"上将"，《三国志·蜀书·诸葛亮传》作"上将军"。战国以来将军之号最尊者称上将军，如燕乐毅、齐田单皆号上将军。但这里则可能是指前军之帅。

⑩三十里——相当1舍，合于春秋时代的行军速度。但作者仍然认为太快，这可能是由于携带辎重多于从前。

⑪委积——指储备起来的粮秣等物。《广雅·释诂一》："委，积也。"《周礼·地官·遗人》："遗人掌邦之委积，以待施惠：乡里之委积，以恤民之艰厄；门关之委积，以养老孤；郊里之委积，以待宾客；野鄙之委积；以待羁旅；县都之委积，以待凶荒。凡宾客、会同、师役，掌其道路之委积。凡国野之道，十里有庐，庐有饮食；三十里有宿，宿有路室，路室有委；五十里有市，市有候馆，候馆有积。凡委积之事，巡而比之，以时颁之。"注："委积者，廪人、仓人计九谷之数足国用，以其余共之，所谓余法用也。……少曰委，

多日积。"

7·3　故不知诸侯之谋者，不能豫交①；不知山林、险阻、沮泽之形者②，不能行军；不用乡导者③，不能得地利④。故兵以诈立⑤，以利动⑥，以分合为变者也⑦。故其疾如风，其徐如林，侵掠如火，不动如山，难知如阴，动如雷震⑧。掠乡分众⑨，廓地分利⑩，悬权而动⑪。先知迂直之计者胜，此军争之法也。

【译文】

所以不了解各国诸侯的打算，不能预为结交；不了解山林、险阻、沼泽等地形，不能行军；不使用向导，不能得地利。所以军队是靠权诈而存在，视条件有利而行动，以分散集结为变化。所以它快起来像风，慢起来像林，四出抄掠像火，按兵不动像山，难以窥测像阴天，突然发动像雷击。抄掠乡村，分其民众；扩大土地，分其物产；权衡利害，相机而动。谁先掌握了以迂为直的奥妙谁就能获胜，这就是"军争"的方法。

【注释】

①豫——"预"的本字。

②沮泽——"沮"音 jǔ，水草丛生的沼泽地。《礼记·王制》："居民山川沮泽。"注："'沮'谓菜沛"。疏引何胤说："沮泽，下湿地也。草所生为'菜'，水所生为'沛'。言沮地，是有水草之处也。"《九地》："山林、险阻、沮泽，凡难行之道者，为圮地。"

③乡导——"乡"同"向"，即向导。

④自"故不知诸侯之谋者"至此数句，重见《九地》。

⑤《韩非子·难一》："繁礼君子，不厌忠信；战阵之间，不厌诈伪。"这是战国兵家竞相习尚的说法。《荀子·议兵》记荀卿与临武君论难，荀卿说："君之所贵，权谋埶(势)利也；所行，攻夺变诈也，诸侯之事也。仁人之兵，不可诈也；彼可诈者，怠慢者也，路亶者也，君臣上下之间涣然有离德者也。……诈而袭之与先惊而后击之一也。……"对"诈"表示反对。他所推崇的"仁人之兵"代表的是早期兵车对战的正规战法，而反对的是战国以来带有运动性和突袭性的新式战法。

⑥《左传》僖公二十二年："三军以利用也。"

⑦分合——指军队的分散和集结。

⑧震——《通典》卷一六二、《御览》卷二七〇引作"霆"。案《管子·事语》、《鹖冠子·世兵》有"动如雷霆"之语。此作"震"，同《书钞》卷一一三引。《说文》："震，劈历振物者。""霆，雷余声也。"二字义相近。

⑨掠乡——抄掠乡村。《通典》卷一六二、《御览》卷三一三引"掠乡"作"指向"。《十一家》云："'掠乡'一作'指向'。"贾林、王晳注作"指向"或"指乡"。分众——指分其民人。

⑩廓地——扩大土地。《尔雅·释诂》："廓，大也。"《方言》："张小使大谓之廓。"分利——指分其土地所产之物。

⑪悬权——悬挂秤锤，所以称物。指权衡利害，相机而动，即"合于利而动，不合于利而止"(《九地》、《火攻》)。

7·4　《军政》曰①："言不相闻，故为之金鼓②〔一〕；视不相见，故为之旌旗③〔二〕。"夫金鼓旌旗者，所以一(人)〔民〕之耳目也④。(人)〔民〕既专一⑤，则勇者不得独进，怯者不得独退，此用众之法也。故夜战多(火)〔金〕鼓⑥〔三〕，昼战多旌旗⑦，所以变人之耳目也⑧。

【校记】

〔一〕《十一家》无"之"字。

〔二〕《十一家》无"之"字。

〔三〕《武经》"火"作"金"。

【译文】

《军政》说："说话听不到，所以设置金鼓(铜的打击乐器和鼓)；眼睛看不到，所以设置旌旗。"金鼓和旌旗，是用来统一人民的视听。人民的视听既然统一起来，那么勇敢的人也不能擅自前进，怯懦的人也不能擅自后退，这是指挥军队的方法。所以夜间作战以使用金鼓为主，白天作战以使用旌旗为主，好让人们能够交替使用他们的耳朵和眼睛。

【注释】

①《军政》——梅尧臣注："军之旧典。"《左传》宣公十二年："军政不戒而备，能用典矣。"本篇"此治变者也"下张预注："《军政》曰：'见可而进，知难而退。'又曰：'强而避之。'"又《左传》数引《军志》，僖公二十八年："《军志》曰：'允当则归。'又曰：'知难而退。'又曰：'有德不可敌。'"昭公二十一年："《军志》有之，先人有夺人

之心，后人有待其衰。"《军志》似亦同类之书。

②金鼓——古代用以指挥联络的信号工具。简本作"鼓金"（下同），《书钞》卷一二〇、《通典》卷一四九、《长短经·教战》、《御览》卷三三八引作"鼓铎"。《周礼·地官·鼓人》："鼓人掌教六鼓四金之音声。"六鼓为雷鼓、灵鼓、路鼓、鼖鼓、鼛鼓、晋鼓；四金为金錞、金镯、金铙、金铎。《夏官·大司马》："辨鼓铎镯铙之用，王执路鼓，诸侯执贲（鼖）鼓，军将执晋鼓，师帅执提，旅帅执鼙，卒长执铙，两司马执铎，公司马执镯，以教坐作进退疾徐疏数之节。"

③旌旗——《周礼·夏官·大司马》："辨旗物之用，王载大常，诸侯载旂，军吏载旗，师都载旜，乡遂载物，郊野载旐，百官载旟，各书其事与其号焉。"

④人——系避唐太宗讳改字，简本作"民"，据正。《周礼·夏官·大司马》："中军以鼙令鼓，鼓人皆三鼓，司马振铎，群吏作旗，车徒皆作；鼓行鸣镯，车徒皆行，及表乃止。三鼓摝铎，群吏弊旗，车徒皆坐。又三鼓，振铎，作旗，车徒皆作。鼓进，鸣镯，车骤徒趋，及表乃止，坐作如初。乃鼓，车驰徒走，及表乃止。鼓戒三阕，车三发，徒三刺。乃鼓退，鸣铙且却，及表乃止，坐作如初。"《尉缭子·勒卒令》："金、鼓、铃、旗，四者各有法：鼓之则进，重鼓则击；金之则止，重金则退。铃，传令也。旗，麾之左则左，麾之右则右，奇兵则反是。一鼓一击而左，一鼓一击而右。一步一鼓，步鼓也。十步一鼓，趋鼓也。音不绝，骛鼓也。商，将鼓也。角，帅鼓也。小鼓，伯鼓也。三鼓同，则将帅伯其心一也。奇兵则反是。"所述即金鼓之用法。

⑤人——简本作"民"，据正。

⑥火鼓——简本作"鼓金"，《武经》作"金鼓"，"火"是"金"之误，据正。案此本与《十一家》并作"火鼓"，《书钞》卷一一八、《通典》卷一五三、《长短经·教战》、《御览》卷二七○引及唐以来旧注亦同。是唐以来"金鼓"已讹为"火鼓"。

⑦此句简本与上句互倒，且二句位置在"故为之旌旗"句后。

⑧此句简本无。

7·5　三军可夺气〔一〕，将军可夺心①。是故朝气锐②，昼气惰③，暮气归④。善用兵者〔二〕，避其锐气，击其惰归，此治气者也⑤。以治待乱，以静待哗，此治心者也。以近待远，以佚待劳，以饱待饥，此治力者也。无邀正正之旗⑥，勿击堂堂之陈⑦，此治变者也。

【校记】

〔一〕《十一家》"三"上有"故"字。

〔二〕《十一家》"善"上有"故"字。

【译文】

三军可以削弱其士气，将军可以沮丧其意志。所以早晨士气最盛，白天士气低落，傍晚士气衰竭。善于用兵的人，应避开其旺盛之时，而在其低落衰竭之时进攻，这是掌握士气。以整齐对付混乱，以安静对付喧哗，这是掌握心理。以近便对付迂远，以安逸对付疲劳，以饱食对付饥饿，这是掌握体力。不要向旗帜整齐的军队挑战，不要向庞大的阵容进攻，这是防敌有变。

【注释】

①《左传》昭公二十一年引《军志》："先人有夺人之心，后人有待其衰。"（又见文公七年）

②锐——训"精"，指气盛。

③惰——训"怠"，指气衰。

④归——训"返"，训"终"，指气竭。

⑤治气——古代行气家认为，天地之气，朝昼昏夕有阴阳消长，人之行气当顺之，称为"治气"（见马王堆帛书《十问》）。《左传》庄公十年齐鲁长勺之战，鲁俟齐人三鼓而后击之，败齐师，曹刿曰："夫战，勇气也。一鼓作气，再而衰，三而竭。彼竭我盈，故克之。"亦治气之法。

⑥正正——简本作"癛癛"，《淮南子·兵略》作"填填"。案癛字疑从呈声。呈字古音属端母耕韵，与正可用为通假字；填字古音属端母真韵，亦音近相假。曹操注："正正，齐也。"

⑦堂堂——曹操注："堂堂，大也。"

7·6　故用兵之法，高陵勿向①，背丘勿逆②，佯北勿从，锐卒勿攻③，饵兵勿食④，归师勿遏，围师必阙⑤，穷寇勿迫⑥，此用兵之法也。

【译文】

所以用兵的方法，敌军据守高山不可仰攻，背靠丘陵不可迎击，假装逃跑不可追击，士卒精锐不可进攻，伴动诱我不可中计，回家的敌军不可阻截，被围的敌军必留生路，陷于绝境的敌军不可逼迫，这就是用兵的方法。

【注释】

①杜牧注："言敌在高处，不可仰攻。"

②背丘——背依丘陵。逆——简本、《通典》卷一五六、《御览》卷二七〇、三〇六引作"迎"。杜牧注："逆者，迎也。"意义相通。古代兵家认为以高攻下和背有依托、面向开阔是顺势，以下攻高和逆攻背有依托之敌是背势。

③此句简本无。

④此句简本无。饵兵——指伴动之兵。

⑤必阙——简本作"遗阙"，义相近。古人认为陷于被围之地的士兵必将作困兽之斗，必须留出生路，才能减少伤亡。曹操注："《司马法》曰：'围其三面，阙其一面。'所以示生路也。"

⑥此句简本无。案以上八句，刘寅《直解》引张贲说以为下篇《九变》之"错简"，验之简本，可知纯属臆说。

九变第八

【解题】

先秦子书中常见"九变"一词，如《管子·九变》述"民之所以守战至死而不德其上"原因有九，《庄子·天道》述明道先后，亦以"天"、"道德"、"仁义"、"分守"、"形名"、"因任"、"原省"、"是非"、"赏罚"为"九变"。本篇所谓"九变"，历来说法不一，如：(1)李筌、贾林、何延锡注以"圮地无舍"至"地有所不争"为"九变"(简本佚篇〔《四变》〕以"途有所不由"五句中的前四句为"四变"，而以最后一句为结语，与此相合，当是孙子后学的一种解释)；(2)梅尧臣、张预、郑友贤注以"圮地无舍"五句为《九地》"九地之变"的"举其大略"或"缺而失次"，即"五变"，而以"途有所不由"五句为下文"五利"(系据曹操注"九变，一云五变"，来源也比较早)；(3)元张贲注(见刘寅《武经七书直解》引)、明刘寅《武经七书直解》、赵本学《孙子书校解引类》以"圮地无舍"五句除"绝地无留"为《九地》"错简"(与《九地》重出)，而以《军争》末"高陵勿向"八句为此篇"错简"，合此八句与"绝地无留"，共为"九变"(近人采用此说者甚多)。

今按"九变"实即《九地》"九地之变"。根据是：(1)本篇开头十句，前五句有四句与《九地》所述"九地之变"重出，"绝地无留"一句虽不直接见于《九地》，但"绝地"之名亦见于《九地》，与"衢"、"重"、"轻"、"围"、"死"并列。另外，《九地》"争地吾将趋其后"，简本作"争地吾将使不留"，有"不留"出现，可见也是从《九地》脱出；(2)本篇第二段"故将通于九变之利者，知用兵矣；将不通九变之利，虽知地形，不能得地之利矣"。"九变之利"即指"地之利"，也正合"九地之变"。我们认为此篇系由《九地》割裂而出，说详该篇解题。

8·1　孙子曰：凡用兵之法，将受命于君，合军聚众①，圮地无舍②，衢地合交③〔一〕，绝地无留④，围地则谋⑤，死地则战⑥。途有所不由〔二〕，军有所不击，城有所不攻，地有所不争，君命有所不受⑦。

【校记】

〔一〕《十一家》"合交"作"交合"。

〔二〕《十一家》"途"作"塗"。

【译文】

孙子说：一般的用兵方法，将领受命于君主，征集军队，在圮地不可宿营，在衢地要四面结交，在绝地不可滞留，在围地要巧设计谋，在死地要决一死战。有的道路并不一定要经过，有的军队并不一定要出击，有的城池并不一定要攻打，有的地利并不一定要争夺，有的君命并不一定要执行。

【注释】

①这两句，重见《军争》，似与下文不相衔接。

②此句《九地》作"圮地则行"，"则行"与"无留"义同。圮地——"圮"字，宋本多刻作"圮"（音 yí）；旧注多以"圮"（音 pǐ）释之，如曹操注："水毁曰'圮'。"李筌注："地下曰'圮'。"但《御览》卷二七二引作"汜地"，简本《九地》作"泛地"，《后汉书·文苑列传》李贤注、《长短经·地形》引《九地》作"汜地"。"泛"与"汜"通，可见今本"圮"字应是"汜"字之讹，旧注乃是据误字为说。"汜地"，据《九地》"山林、险阻、沮泽，凡难行之道者，为圮地"，似是指沮洳难行之地。

③此句《九地》作"衢地则合交"。衢地——四通八达之地。《九地》："诸侯之地三属，先至而得天下之众者，为衢地。""四〔通〕〔彻〕者，衢地也。"

④此句亦由《九地》脱出，参本篇解题。绝地——与后方隔绝之地。《九地》："去国越境而师者，绝地也。"

⑤此句重见《九地》。围地——易遭包围之地。《九地》："所由入者隘，所从归者迂，彼寡可以击吾之众者，为围地。""背固前隘者，围地也。"

⑥此句重见《九地》。死地——决心死战之地。《九地》："疾战则存，不疾战则亡者，为死地。""无所往者，死地也。"

⑦此句《通典》卷一五一引作"将在军，君命有所不受"。此系古代兵家成说，参看《谋攻》篇末注。

8·2　故将通于九变之利者①〔一〕，知用兵矣；将不通九变之利〔二〕，虽知地形，不能得地之利矣；治兵不知九变之术，虽知五利②，不能得人之用矣。

【校记】

〔一〕《十一家》"利"作"地利"。

〔二〕《十一家》作"将不通于九变之利者"。

【译文】

所以将领通晓"九变"的好处，算是懂得用兵；将领不通晓"九变"的好处，即使熟悉地形，也不能得到地利；带兵不懂"九变"的运用方法，即使懂得"五利"，也不能充分发挥军队的作用。

【注释】

①九变——即《九地》所说的"九地之变"。《九地》所说的"九地之变"是指该篇"是故散地则无战"九句和"是故散地吾将一其志"九句。

②五利——指上文"途有所不由"五句，是指五种变通的好处，疑即《九地》所说的"屈伸之利"。

8·3　是故智者之虑，必杂于利害，杂于利而务可信也①，杂于害而患可解也。是故屈诸侯者以害，役诸侯者以业②，趋诸侯者以利③。故用兵之法，无恃其不来，恃吾有以待之〔一〕；无恃其不攻，恃吾有所不可攻也。

【校记】

〔一〕《十一家》"之"作"也"。

【译文】

所以聪明的人考虑问题，一定要兼顾利、害两个方面，见害而思利，事情方可进展；见利而思害，危难方可排除。所以屈服诸侯是靠损害，役使诸侯是靠实力，调动诸侯是靠利诱。所以用兵的方法，不是靠敌人不来，而是靠我有对付敌人的办法；不是靠敌人不进攻，而是靠我夙有准备，使敌人无法进攻。

【注释】

①务——从语法位置看应是名词，指所务之事。曹操注："所务可信也。"信——杜牧、张预注读为"伸"。

②业——本业，疑指已方实力。

③这是说，使诸侯奔走靠的是利。

8·4　故将有五危：必死可杀〔一〕，必生可虏〔二〕，忿速可侮①〔三〕，廉洁可辱〔四〕，爱民可烦②〔五〕。凡此五者，将之过也，用兵之灾也。覆军杀将，必以五危，不可不察也。

【校记】

〔一〕《十一家》下有"也"字。

〔二〕《十一家》下有"也"字。

〔三〕《十一家》下有"也"字。

〔四〕《十一家》下有"也"字。

〔五〕《十一家》下有"也"字。

【译文】

所以将领有五大危险：只知拚命就会被杀死，一味贪生就会被俘虏，忿怒急切就会被挑逗，爱重名节就会被侮辱，溺爱其民就会被烦扰。所有这五种危险，都是将领的过失，用兵的灾害。全军覆没，将领被杀，必定是由于这五种危险，不可不加以了解。

【注释】

①忿速——忿怒急切。《大戴礼·子张问入宫》作"忿数"。

②爱民——指溺爱其民。

行军第九

【解题】

本篇着重讲行军中的宿营("处军")和观察敌情("相敌")两个问题。前者分"处山"、"处水"、"处斥泽"、"处平陆"四大类，后者包括三十三种情况。

9·1 孙子曰：凡处军相敌①：绝山依谷②，视生处高③，战（隆）〔降〕无登④，此处山之军也。绝水必远水。客绝水而来⑤，勿迎之于水内，令半渡而击之利⑥〔一〕；欲战者，无附于水而迎客⑦；视生处高，无迎水流⑧，此处水上之军也。绝斥泽⑨，唯亟去无留〔二〕；若交军于斥泽之中，必依水草而背众树⑩，此处斥泽之军也。平陆处易，右背高⑪〔三〕，前死后生⑫，此处平陆之军也。凡四军之利〔四〕，黄帝之所以胜四帝也⑬。凡军好高而恶下，贵阳而贱阴⑭。养生处实⑮〔五〕，军无百疾⑯，是谓必胜⑰。丘陵堤防⑱，必处其阳而右背之⑲，此兵之利，地之助也。上雨水，〔水〕(沫)〔流〕至⑳，欲涉者，待其定也。凡地有绝涧、天井、天牢、天罗、天陷、天隙㉑，必亟去之，勿近也。吾远之，敌近之；吾迎之，敌背之。军旁有险阻、潢井、蒹葭、(林木)〔小林〕、翳荟者㉒〔六〕，必谨覆索之，此伏奸之所〔处〕也㉓〔七〕。

【校记】

〔一〕《武经》、《十一家》"渡"作"济"。

〔二〕《十一家》"唯"作"惟"。

〔三〕《十一家》"右"上有"而"字。

〔四〕《武经》、《十一家》"凡"下有"此"字。

〔五〕《十一家》"养生"下有"而"字。

〔六〕《十一家》"军旁"作"军行"，"蒹葭"作"葭苇"，"林木"作"山林"。

〔七〕《十一家》作"此伏奸之所处也"。

【译文】

孙子说：宿营和观察敌情包括：穿越山地，要依傍谷地；面向开阔，依托高地；与自高而下的敌军交战，不可登山仰攻，这是在山地的宿营。穿越水域，一定要远离水边；敌若渡水而来，不可迎战于水中，要让敌人渡至一半再出击才有利；若欲交战，不可贴近水边而迎战敌人，要面向开阔，依托高地，不要面对水流的方向，这是在水域的宿营。穿越咸滩，必须迅速通过，不可停留；如果交战于咸滩中，一定要依傍水草而背靠树林，这是在

咸滩的宿营。在平原上，要宿营于平坦之处，右侧和背面为高
地，前面为死地，后面为生地，这是在平原的宿营。掌握了这四
种地形上宿营的便利，是黄帝战胜〔青、赤、白、黑〕四帝的原
因。一般都喜欢选择高地而不喜欢选择低地，喜欢选择阳面而不
喜欢选择阴面。凭借水草之利养生，依托可靠的地形宿营，军队
中没有各种疫病流行，这样才有必胜的把握。碰到丘陵和堤岸，
一定要宿营于其阳面，右侧和背面对着它。这对用兵有利，全靠
地形的帮助。上游下雨，水流冲下，若涉水，要等水势稳定。凡
是碰上绝涧、天井、天牢、天罗、天陷、天隙等地形，一定要迅
速离开，不可接近。我必远离它，而使敌人接近它，我必面对
它，而使敌人背对它。军营附近如果有险阻、沼泽、芦苇、矮树
和茂密的草丛，务必细心搜索，这些地方往往是藏伏奸细之处。

【注释】

①处军——指宿营。相敌——指观察敌情。

②绝——渡水、穿越山地或其他地形都可称"绝"。《广雅·释诂
二》："绝，渡也。"《淮南子·时则》："自昆仑东绝两恒山。"注：
"绝，过也。"依谷——指穿越山地时要靠近谷地，因为谷地平缓易
行，且有水草之利。

③视生——地有死生，死地为"无所往者"（见《九地》）；生地反
之。这里指面向开阔。处高——依托高地。

④战隆——"隆"是"降"字之讹，简本、《通典》卷一五六、《御
览》卷三〇六引均作"战降"，杜牧注："一作'战降无登'。"张预注：
"一本作'战降无登迎'。"据正。战降——是说与自高而下的敌人交

战。无登——是说我不可自下而上迎敌。

⑤古代兵法把交战双方的守方称为"主人"或"主"，攻方称为"客"，如银雀山汉简有《客主人分》篇。

⑥《左传》僖公二十二年宋楚泓之役，宋襄公因坚持古代战法，不肯乘楚师半渡未陈而击之，以致败绩。但战国以来，"半渡而击之"已成为基本的战术要领之一，如《吴子·料敌》："涉水半渡，可击。"

⑦在水边迎敌，敌人就会停止渡水，所以这样说。李筌注："附水迎客，敌必不得渡而与我战。"

⑧曹操注："恐溉我也。"

⑨斥泽——简本"斥"作"沂"。"斥"是斥卤，即盐咸地。《书·禹贡》："厥土白坟，海滨广斥。"注："斥，谓地咸卤。""泽"指沼泽。

⑩背众树——背靠树林。古代兵家处军讲究面向开阔，背有依托，斥泽之中无高险可为依托，故以树林为依托。

⑪古代兵家处军讲究前面和左侧平坦开阔(便于迎敌)，后面和右侧为高险(便于依托)。此与兵阴阳家之说有关。兵阴阳家以左前(东南)为阳，右背(西北)为阴，认为应当向阳背阴。例如《老子》："吉事尚左，凶事尚右。"《逸周书·武顺》："吉礼左还，顺天以立本，武礼右还，顺地以利兵。"《管子·版法解》："四时之行，有寒有暑，圣人法之，故有文有武；天地之位，有前有后，有左有右，圣人法之，以建经纪。春生于左，秋杀于右，夏长于前，冬藏于后。生长之事，文也；收藏之事，武也。是故文事在左，武事在右。"简本佚篇《地形二》："右负丘陵，左前水泽。"(《史记·淮阴侯列传》引

《兵法》作："右倍（背）山陵，前左水泽。"）皆有遗说。

⑫前方为与敌接战之地，"疾战则存，不疾战则亡"（《九地》），故为"死地"；后方为依托之地，不须战，故为"生"地。李筌注："前死，致战之地；后生，我自处。"得之。王晳注："凡兵皆向阳，既后背山，即前生后死。疑文误也。"简本作"〔前〕死后生"，可证王说之误。

⑬中国古代帝系传说有代表各族姓所出的太皞（伏羲）、少皞、黄帝、炎帝、颛顼等。春秋战国以来五行之说盛行，这些帝名形成与五方、五色相配的系统，即东方青帝太皞、南方赤帝炎帝、西方白帝少皞、北方黑帝颛顼、中央黄帝。"黄帝胜四帝"之说，见简本佚篇《黄帝伐赤帝》、《大戴礼记·五帝德》、《御览》卷七九引《蒋子万机论》、《太白阴经·人谋下·善师》、《路史·后记》卷五等。据《黄帝伐赤帝》，黄帝胜四帝是靠"右阴，顺术，倍（背）冲"，应即左前为阳、右背为阴的处军之法。

⑭贵阳——以左前向阳为贵。贱阴——以右背背阴为贱。

⑮养生——指据有水草之利。处实——指依托高地而处。

⑯简本下无"是谓必胜"一句。

⑰此句，《通典》卷一五六引在"军无百疾"前，"谓"字作"为"。简本似同《通典》。

⑱简本"丘陵"作"陵丘"。

⑲其阳——古以山南为阳。右背之——古代方位概念，一般以南为前，北为后，东为左，西为右。"右背之"是说要以西、北的丘陵或堤防为依托。

　　⑳沫至——简本作"水流至"，《通典》卷一六〇、《御览》卷二九一引作"水沫至"（《通典》"水"讹为"来"）。按"沫"、"流"二字形近易误，当以作"流"是；"水"字亦应重文，据正。

　　㉑此句，简本作"〔□□□〕天井、天窖、天离、天翘、天郄"，上有缺文；《通典》卷一五〇引作"凡地有绝涧，遇"；《御览》卷三〇六引作"绝涧，过"。王晳注则谓"绝涧"当作"绝天涧"。简本佚篇《地形二》提到"〔天离〕、天井、天宛"，《孙膑兵法·地葆》提到"五地之杀，曰：天井、天宛、天离、天埄、天柖"。绝涧——两山险峻，中间为流水。曹操注："山水深大者为'绝涧'。"（据拙作《孙子曹操注集校》）天井——形若深井，四面高，中间低陷。《六韬·犬韬·战骑》有"天井"、"地穴"之说。曹操注："四方高、中央下者为'天井'。"天牢——曹操注："深山所过若蒙笼者为'天牢'。"简本"天牢"作"天窖"。"窖"与"牢"字形读音均相近。窖是一种方形的地穴（见《礼记·月令》"穿窦窖"注）。又简本佚篇《地刑（形）二》、《孙膑兵法·地葆》提到"天宛"，整理小组的注释说："'宛'、'苑'字通。《说文》：'苑，所以养禽兽也。'又：'牢，闲养牛马圈也。'二字义近。"天罗——形若网罗。曹操注："可以罗绝人者为'天罗'。"简本、《孙膑兵法·地葆》作"天离"，"离"与"罗"通。天陷——曹操注："地形陷者为天陷。""陷"也许是错字，简本作"天翘"，《孙膑兵法·地葆》作"天柖"，均从召。"陷"字从臽，与"召"字形相近。天隙——地形狭窄如裂缝。曹操注："山涧道狭，地形深数尺，长数丈者为天隙。"简本作"天郄"，《孙膑兵法·地葆》作"天埄"，"郄"同"郤"，"郤"与"隙"古书用为通假字。这几种地形，均属易遭敌包围

之地，故《孙膑兵法·地葆》称之为"五地之杀"。

㉒潢井——曹操注："潢者，池也；井者，下也。"《通典》卷一五〇、《御览》卷二九一引作"蒋潢井生"，杜佑注："蒋者，水草之蒙生也；潢者，池也；井者，下也。"盖今本正文并曹注均有脱字。孙星衍《孙子十家注》改为"蒋潢并生"，连下文为读。蒹葭——简本、《通典》卷一五〇、《御览》卷二九一引、《十一家》作"葭苇"。《诗·豳风·七月》："七月流火，八月萑苇。"疏："初生为葭，长大为芦，成则名为苇。"林木——简本、《御览》卷二九一引作"小林"，《十一家》讹为"山林"，"木"与"小"字形近易误，"林木"疑是"小林"之倒，此从简本、《御览》改正。翳荟——"翳"字从翳，翳有障蔽之义；荟，《说文》："荟，草多皃。"《广雅·释诂一》："蔚、荟、庲、隐，翳也。"曹操注："翳荟者，可以屏蔽之处也。"简本此下并有"可伏匿者"四字。

㉓所——简本作"处"，《通典》卷一五〇、《御览》卷二九一引作"所藏处"，《十一家》作"所处"，据补"处"字。

9·2 〔敌〕近而静者①〔一〕，恃其险也。远而挑战者②，欲人之进也。其所居(易者)〔者易〕，利也③。众树动者，来也。众草多障者，疑也④。鸟起者，伏也。兽骇者，覆也⑤。尘高而锐者，车来也。卑而广者，徒来也。散而条达者⑥，樵采也⑦。少而往来者，营军也。辞卑而益备者，进也。辞强而进驱者〔二〕，退也。轻车先出居其侧者，陈也。无约而请和者，谋也。奔走而陈兵者〔三〕，期也⑧。半进半退者，诱也。杖而立者，饥也。汲而先饮者⑨，渴也。见利而不进者，劳也。鸟集者，虚也⑩。夜呼者，恐也。军扰者，将不重也。旌旗动者，乱也；吏怒者，倦也。杀马肉食者⑪〔四〕，军无粮也⑫〔五〕；悬（甀）〔甑〕不返其舍者⑬〔六〕，穷寇也。谆谆翕翕⑭〔七〕，徐与人言者⑮，失众也。数赏者，窘也。数罚者，困也；先暴而后畏其众者，不精之至也。来委谢者⑯，欲休息也。兵怒而相迎，久而不合，又不相去，必谨察之。

【校记】

〔一〕《十一家》"近"上有"敌"字。

〔二〕《十一家》"强"作"彊"。

〔三〕《十一家》"兵"下有"车"字。

〔四〕《十一家》作"粟马肉食"。

〔五〕《十一家》无"粮也"二字。

〔六〕《武经》"甀"作"缶"。

〔七〕《十一家》"翕翕"作"翕翕"。

【译文】

敌与我接近而毫无动静，是因为有险可恃。与我远离却向我挑战，是为了激我前往。其所居之地地势低平，是占有地利。树丛枝叶摇动，是有敌前来。草丛之中多设障碍，是制造假象。鸟惊飞，是有埋伏。兽骇走，是有偷袭。路土高而尖，是有战车来。路土低而宽，是有步兵来。路土散乱成条状，是打柴经过。

路土少而有往来的痕迹，是要安营。敌人口气谦卑却加紧准备，是要进攻。口气强硬而佯装前进，是要撤退。轻车先出位于其侧翼，是要布阵。提出讲和却并无协议，是另有阴谋。奔走布阵，是要集合。半进半退，是想引诱。士兵拄杖而立，是饿了。打水的人抢着先喝，是渴了。见到好处却不肯前往，是累了。鸟雀落满，是空营虚设。半夜呼叫，是害怕。军中骚乱，是将领无威。旌旗动摇，是混乱。军吏发怒，是疲倦。杀马吃肉，是军中无粮。悬挂瓶罐不回营舍，是陷于绝境的敌人。絮絮不休，慢声细语地与人讲话，是因为失去部下的拥护。频繁地赏赐，是因为一筹莫展。频繁地惩罚，是因为陷入困境。开始态度粗暴但后来又畏惧其部下，是极不精明。前来送礼谢罪，是打算暂时休战。敌军怒气冲冲前来迎战，却总是不肯交锋，又不撤离，一定要细心观察。

【注释】

①简本、《通典》卷一五〇、《长短经·料敌》、《御览》卷二九一引、《十一家》"近"上均有"敌"字，据补。

②挑战——《通典》卷一五〇、《长短经·料敌》、《御览》卷二九一引作"挑人"。

③这两句简本作"其所居者易……"，《通典》卷一五〇、《御览》卷二九一引作"其所处者，居易利也"，杜牧注引一本作"士争其所居者，易利也"，孙星衍《孙子十家注》改为"其所居者，易利也"。今按"易者"二字应互倒，孙校本所改，但断读"易"字属下句则误。"易"仍应属上句，否则全无相敌之义。今本作"其所居易者，利

也”，当是为了与上下文皆作“某某者，某也”取齐而误改。

④曹操注：“结草为障，欲使我疑。”

⑤《左传》隐公九年：“君为三覆以待之。”注：“覆，伏兵也。”

⑥条达——条理通达。《庄子·至乐》：“名止于实，义设于适，是之谓条达而福持。”

⑦此句《通典》卷一五〇、《御览》卷二九一引作“薪采来也”，《长短经·料敌》作“薪来也”。“薪采”与“樵采”同义。

⑧期——按期会合，又叫“期会”。杜牧注：“立旗为表，以为陈也。旗者，期也，与民期于下也。《周礼》大蒐曰：‘车骤徒趍，及表乃止。’”《尉缭子·踵军令》谓趍战之法，兵分三部，“兴军”携六日熟食，先行；“踵军”携三日熟食，继之；“大军”最后，相距各百里，“期于会地”，所谓“战合表起，即皆会也”。

⑨此句简本作“汲役先歠……”，《通典》卷一五〇、《御览》卷二九一引作“汲役先饮者”。“汲役”是汲水的徒役，“汲”应是“汲役”的省称。李筌注曰：“汲未至先饮者，士卒之渴。”杜牧注：“命之汲水，未及而先取者，渴也。”张预注：“汲者未及归营，而先饮水，是三军渴也。”皆以“汲”为汲水者。可见“汲”字非动词。今本省“役”加“而”字，同《长短经·料敌》。

⑩鸟集其上，说明敌已离去。《左传》庄公二十八年记楚伐郑，“诸侯救郑，楚师夜遁，郑人将奔桐丘，谍告曰：‘楚幕有乌。’乃止”。襄公十八年：“丙寅晦，齐师夜遁，师旷告晋侯曰：‘鸟乌之声乐，齐师其遁。’……师向告晋侯曰：‘城上有乌，齐师其遁。’”

⑪李筌注：“杀其马而食肉。”《通典》卷一五〇、《长短经·料

敌》、《御览》卷二九一引作"粟马食肉"，《十一家》作"粟马肉食"。杜牧注："粟马，言以粮谷秣马也。肉食者，杀牛马飨士也。"是唐本既有作"杀马"，亦有作"粟马"；既有作"食肉"，亦有作"肉食"。

⑫此句《十一家》无"粮也"二字，连下句为读，作"军无悬瓵"，似是采用杜牧、王晳注所据本。其校说所引别本则同此本(但于"悬瓵"上误增"军无"二字)。

⑬悬瓵——"瓵"字简本作"甀"(即"甀"的古体字)，《通典》卷一五○引作"缶"，《长短经·料敌》引作"湩"，《御览》卷二九一引作"簞"，应正为"甀"。"甀"(音 zhuì)，一种小口陶罐，《说文》作"甀"，云："小口罂也。"《方言》卷五："甀，……罂也。自关而西晋之旧都、河汾之间，其大者谓之'甀'。""周、洛、韩、郑之间谓之'甀'，或谓之'罃'。"

⑭谆谆——《说文》："谆，告晓之孰(熟)也。"《左传》襄公三十一年："且年未盈五十，而谆谆焉如八九十者，弗能久也。"是絮絮不休之义。翕翕——"翕"同"翕"。《尔雅·释训》："翕翕訿訿，莫供职也。"曹操注："谆谆，语貌；翕翕，失志兒。"简本作"□□闲闲"。

⑮此句简本作"□言人者"，《通典》卷一五○引作"徐言人入者"，《长短经·料敌》、《御览》卷二九一引作"徐言入入者"。孙星衍《孙子十家注》从《长短经》、《御览》而改，据简本似非是。

⑯委谢——杜牧注解为"委质来谢"。古代相见，馈赠礼物叫"委质"。

9·3　兵非贵益多[一]，虽无武进①[二]，足以并力、料敌、取人而已。夫唯无虑而易敌者②〔三〕，必擒于人。卒未亲附而罚之③，则不服，不服则难用〔四〕。卒已亲附而罚不行，则不可用〔五〕。故（令）〔合〕之以文，齐之以武④，是谓必取。令素行以教其民，则民服；令（不素）〔素不〕行以教其民⑤，则民不服。令素行者，与众相得也。

【校记】

〔一〕《十一家》作"兵非益多也"。

〔二〕《武经》"虽"作"唯"，《十一家》"虽"作"惟"。

〔三〕《十一家》"唯"作"惟"。

〔四〕《十一家》"用"下有"也"字。

〔五〕《十一家》"用"下有"也"字。

【译文】

用兵并非人数愈多愈好，只求不轻举妄动，能够集中力量，判明敌情，取胜敌人而已。只有不加深思熟虑、一味轻敌的人，必定会被敌人擒获。所以尚未取得士兵的真心拥护就惩罚他们，他们就会不服，不服就难于使用。已经取得士兵的真心拥护而不能执行惩罚，便无法使用他们。所以用恩赏来使他们团结，用威罚来使他们整齐，这样才能必定取胜。命令一贯顺利执行，用来训练其人民，人民就会服从；命令一贯不能顺利执行，用来训练其人民，人民就会不服从。命令一贯顺利执行，是因为将领和士兵彼此都非常熟悉和信任。

【注释】

①虽——《武经》作"唯",《十一家》作"惟"。"虽"是"唯"、"惟"的通假字。

②易敌——轻敌。

③亲附——简本作"榑(专)亲",《治要》卷三三、《通典》卷一四九引作"附亲",《长短经·禁令》引作"专亲",梅尧臣注"附"作"傅"。"傅"与"榑"形近易混,应即先由"榑亲"讹为"傅亲",又改为"附亲",最后才变成"亲附"。"专亲",是诚心拥护之义。

④这两句,简本作"故合之以交,济(齐)之以〔武〕","交"是"文"字之讹(汉代文字中"文"、"交"相混之例甚多,参看《武威汉简·叙论》、唐张守节《史记正义·论字例》);《淮南子·兵略》、《书钞》卷一一三、《御览》卷二九六引作"故合之以文,齐之以武",可见"令"是"合"字之讹。今本"令"字,当是后人为了与下文"令素行以教其民,则民服;令素不行以教其民,则民不服。令素行者,与众相得也"取齐而误改。"文",指赏;"武",指罚。《管子·禁藏》:"赏诛为文武。"注:"赏则文,诛则武。"曹操注:"文,仁也;武,法也。"

⑤令不素行——《通典》卷一四九、《御览》卷二九六引作"令素不行",简本亦作"素□……",上无"令不"二字,据正。

地形第十

【解题】

本篇是讲六种形势特点不同的作战地形以及相应的战术要求。这里所谓"地形"主要是根据会战的要求，按攻守进退之便而划分，偏重形势特点。它与《行军》所述"处军"之地不同，"处军"之地是讲行军时的地形依托，偏重地貌；它与《九地》所述"九地"也不同，"九地"往往是从"主客"形势、深入程度这些角度去讲，偏重区域性的概念。

10·1　孙子曰：地形有通者，有挂者，有支者，有隘者，有险者，有远者。我可以往，彼可以来，曰通①。通形者，先居高阳，利粮道，以战则利。可以往，难以返，曰挂②。挂形者，敌无备，出而胜之，敌若有备，出而不胜，难以返，不利。我出而不利，彼出而不利，曰支③。支形者，敌虽利我，我无出也，引而去之，令敌半出而击之利。隘形者④，我先居之，必盈之以待敌，若敌先居之，盈而勿从，不盈而从之⑤。险形者⑥，我先居之，必居高阳以待敌，若敌先居之，引而去之，勿从也。远形者⑦，势均，难以挑战，战而不利。凡此六者，地之道也，将之至任，不可不察也。

【译文】

孙子说：地形有"通"、"挂"、"支"、"隘"、"险"、"远"六种。我可以往，敌可以来，叫"通"。"通形"，应先占据地势较高并且向阳的地点，保证粮道畅通，这样作战才有利。可以前往，难以返回，叫"挂"。"挂形"，敌人没有戒备，可以出击战胜它，敌人如果有戒备，出击不胜，难以返回，则不利。我出击不利，敌出击也不利，叫"支"。"支形"，敌人即使引诱我，我也不要出击，而应调兵撤离，让敌人出动一半后再出击才有利。"隘形"，我先占领，一定要完全控扼隘口以等待敌人，如果敌先占领，隘口完全被控扼就不要与敌接战，没有完全控扼则可与敌接战。"险形"，我先占领，一定要占据地势较高并且向阳的地点等待敌人，如果敌先占领，则调兵撤离，不可与敌接战。"远形"，双方形势均等，难以挑战，作战则不利。上述六种地形及其战术要求，是掌握地形的关键，将领负有重大责任，不可不加以了解。

【注释】

①通——是通达之义，指往来便利之地。《九地》："我可以往，彼可以来者，为交地。"与此所述相同，但后者所指范围较大。

②挂——是挂碍、牵阻之义，指易往难返之地。《广雅·释诂

三》：“挂，止也。”《谷梁传》昭公八年注“击挂则不得入门”，《释文》：“挂，碍也。”

③支——是相持之义，指谁先动手谁不利的地形。

④隘——指出口狭窄之地。曹操注：“隘形者，两山之间通谷也，敌势不得挠我也。”案以上“通形”、“挂形”、“支形”原文皆有说解，此亦应有，盖脱去。下“险形”、“远形”同。

⑤盈——指控扼隘口。曹操注：“我先居之，必前齐隘口，陈而守之，以出奇也。敌若先居此地，齐口陈，勿从也。即半隘陈者从之，而与敌共此利也。”

⑥险——指高下悬殊之地。《行军》“军旁有险阻”，曹操注：“险者，一高一下之地。”

⑦远——指敌我相距较远之地。

10·2　故兵有走者，有弛者，有陷者，有崩者，有乱者，有北者。凡此六者，非天地之灾〔一〕，将之过也。夫势均，以一击十，曰走①；卒强吏弱，曰弛②；吏强卒弱，曰陷③；大吏怒而不服，遇敌怼而自战④，将不知其能，曰崩⑤；将弱不严，教道不明，吏卒无常，陈兵纵横，曰乱⑥；将不能料敌，以少合众，以弱击强，兵无选锋⑦，曰北⑧。凡此六者，败之道也，将之至任，不可不察也。

【校记】

〔一〕《十一家》无"地"字。

【译文】

军队会出现"走"、"驰"、"陷"、"崩"、"乱"、"北"六种情况。这六种情况，都不是由天地的灾害所造成，而是由将领的过失所造成的。双方形势均等，以一击十，叫"走"；士卒强悍而军吏懦弱，叫"驰"；军吏强悍而士卒懦弱，叫"陷"；高级军吏愤怒而不听指挥，碰上仇敌擅自出战，将领又不了解其能力，叫"崩"；将领懦弱，管束不严，教导不明，军吏和士卒没有纪律约束，阵容不整，叫"乱"；将领不能判断敌情，以劣势对付优势，以弱小进攻强大，军队缺乏精心挑选的前锋，叫"北"。这六种情况，是造成失败的关键，将领负有重大责任，不可不加以了解。

【注释】

①走——败走。《广雅·释诂二》："走，去也。"

②驰——废弛。

③陷——陷败。

④怼——音 duì，《说文》："怼，怨也。""敌对"是冤家对头的意思。

⑤崩——崩溃。

⑥乱——混乱。

⑦选锋——选择精锐，任为前锋，叫选锋。

⑧北——败走。《荀子·议兵》："遇敌处战则必北。"注："北者，乖背之名，故以败走为北也。"

10·3　夫地形者，兵之助也。料敌制胜，计险厄远近①，上将之道也②。知此而用战者必胜，不知此而用战者必败。故战道必胜，主曰无战，必战可也；战道不胜，主曰必战，无战可也。故进不求名，退不避罪，唯民是保〔一〕，而利于主，〔二〕国之宝也。

【校记】

〔一〕《十一家》"民"作"人"。

〔二〕《十一家》"利"下有"合"字。

【译文】

地形，是用兵的必要辅助条件。判断敌情，夺取胜利，估计地形的险隘和远近，这是上将的职责。知道这些去指挥作战就一定会胜利，不知道这些去指挥作战就一定会失败。所以战场形势必然会取胜，君主说不要打，也可以坚决地打；战场形势不能取胜，君主说一定要打，也可以不打。所以进不求功名，退不避罪责，只求保护人民，有利于君主，这是国家最宝贵的东西。

【注释】

①厄——亦作"阨"，同"隘"。

②上将——这里是指将之最尊者，而非上军之帅。

10·4　视卒如婴儿，故可与之赴深溪；视卒如爱子，故可与之俱死。爱而不能令，厚而不能使〔一〕，乱而不能治，譬如骄子〔二〕，不可用也。

【校记】

〔一〕《十一家》在"爱而不能令"上。

〔二〕《十一家》"如"作"若"。

【译文】

把士卒看做婴儿，所以可以与之共赴深溪；把士卒看做爱子，所以可以与之一起去死。溺爱而不能指挥，厚待而不能使用，混乱而不能惩治，好比骄子，是不能用来打仗的。

10·5　知吾卒之可以击，而不知敌之不可击，胜之半也；知敌之可击，而不知吾卒之不可以击，胜之半也，知敌之可击，知吾卒之可以击，而不知地形之不可以战，胜之半也。故知兵者，动而不迷，举而不穷。故曰：知彼知己，胜乃不殆；知天知地①，胜乃可全〔一〕。

【校记】

〔一〕《十一家》"可全"作"不穷"。

【译文】

知道我之士卒可以用来进攻，而不知道敌人不可进攻，胜利的可能只有一半；知道敌人可以进攻，而不知道我之士卒不可以用来进攻，胜利的可能只有一半；知道敌人可以进攻，也知道我之士卒可以进攻，而不知道地形不可以用来作战，胜利的可能也只有一半。所以懂得用兵的人，举动清醒不惑，措施变化无穷。
所以说：知道敌人也知道自己，胜利才确有把握；知道天时也知
道地利，胜利才万无一失。

【注释】

　　①此句孙星衍《孙子十家注》据《长短经·天时》、《御览》卷三二
二引改作"知地知天"，但《治要》卷三三、《通典》卷一五〇引同
今本。

九地第十一

【解题】

本篇所述"九地"可分三类：（1）是从"主客"形势（在己国为"主"，在敌国为"客"）和深入程度的角度讲，有"散地"（在己国）、"轻地"（在敌国，进入不深）、"重地"（在敌国，进入深）、"交地"（与敌国相交之地）、"衢地"（与多国相交之地）；（2）是从行军的角度讲，有"圮地"（难行之地）；（3）是从会战的角度讲，有"争地"（两军相争之地），"围地"（被围之地）、"死地"（无可逃之地）。

本篇共包含十三个片断。这十三个片断，内容十分凌乱（字数约占全书六分之一强），不但各个片断之间往往并不衔接，而且后半篇与前半篇也屡有重复，活像同一篇的两个本子（参看赵本学《孙子书校解引类》及邓廷罗《兵镜三种》凡例），甚至在"九地"之外又有"绝地"出现（简本并多出"穷地"），都反映出此篇较之他篇在整理上显得十分草率。我们认为，它很可能是由各篇编余的零章碎句组成，而《九变》则可能是从这些零章碎句中分出的一部分（参看拙作《银雀山简本〈孙子〉校读举例》）。

11·1　孙子曰：用兵之法：有散地，有轻地，有争地，有交地，有衢地，有重地，有圮地①，有围地，有死地。诸侯自战其地者〔一〕，为散地②。入人之地而不深者，为轻地③。我得亦利〔二〕，彼得亦利者，为争地④。我可以往，彼可以来者，为交地⑤。诸侯之地三属，先至而得天下之众者，为衢地⑥。入人之地深，背城邑多者⑦，为重地⑧。山林，险阻、沮泽⑨〔三〕，凡难行之道者，为圮地。所由入者隘，所从归者迂，彼寡可以击吾之众者，为围地⑩。疾战则存，不疾战则亡者，为死地⑪。是故散地则无战⑫，轻地则无止⑬，争地则无攻⑭，交地则无绝⑮，衢地则合交⑯，重地则掠⑰，圮地则行⑱，围地则谋⑲〔四〕，死地则战⑳〔五〕。

【校记】

〔一〕《十一家》无"者"字。

〔二〕《十一家》"亦"作"则"。

〔三〕《十一家》"山"上有"行"字。

〔四〕《武经》"谋"讹作"说"。

〔五〕《武经》"死"讹作"戎"。

【译文】

孙子说：用兵的方法：有散地，有轻地，有争地，有交地，有衢地，有重地，有圮地，有围地，有死地。诸侯在自己的国土上作战，叫散地。进入敌境不深，叫轻地。我占据有利，敌占据也有利，叫争地。我可以往，敌可以来，叫交地。诸侯的国土与多国接壤，先到达者可以得到天下之众，叫衢地。进入敌境深，所过城邑多，叫重地。凡山林、险阻、沼泽，一切难行之道，叫圮地。入口狭窄，归路迂曲，敌人用劣势兵力可以攻击我之优势兵力，叫围地。速战速决就能生存，不速战速决就会灭亡，叫死地。所以散地不可作战，轻地不可停留，争地不可主动进攻，交地不可首尾脱节，衢地应当广结交援，重地应当四出抄掠，圮地应当迅速通过，围地应当设计突围，死地应当拼死一战。

【注释】

①圮地——应是"汜地"之误，说详《九变》注②。

②散地——"散"是相对"专"而言。作者认为，士卒心理受作战环境影响：入敌境深则专一，入敌境浅则涣散（"凡为客之道，深则专，浅则散"）。这里是讲战于自己的国土内，士卒怀土恋家，最为涣散，所以叫"散地"。

③轻地——是相对于"重地"而言。"轻地"和"重地"皆战于敌境，但前者入敌境浅，后者入敌境深。下文作"入浅者，轻地也"。

④争地——两军相争之地。

⑤交地——两国接壤之地。

⑥衢地——《说文》："衢，四达谓之'衢'。"《管子·国蓄》："壤正方，四面受敌，谓之'衢国'。"这里"衢地"是指与多国接壤（"诸侯之地三属"）的四通八达之地。下文作"四（通）〔彻〕者，衢地也"。

⑦指所过城邑多。杜牧注："入人之境已深，过人之城已多，津梁皆为所恃，要冲皆为所据，还师返旆，不可得也。"

⑧重地——深入敌境之地。下文作"入深者，重地也"。

⑨简本无"险阻"二字。

⑩围地——入口狭窄，归路迂曲，易遭敌围困之地。我入之陈，前为隘口，背负险固，敌控隘口，则我既不得出，又不得退。下文作"背固前隘者，围地也"。

⑪死地——前受敌阻，背负险固，战则得以生还，不战则必败亡之地。下文作"无所往者，死地也"（简本作"倍（背）固前适（敌）者，死地也"）。

⑫这是说至散地，士卒之心最为涣散，故不可战。

⑬这是说至轻地，入敌境不深，士卒之心未专，宜做进一步深入，故不可停留。

⑭这是说，敌先我占据争地，利在敌而不在我，故不可攻。

⑮无绝——应指保持行进的联属。曹操注："相及属也。"交地介于散地和轻地之间，士卒之心亦未专，所以要保持行军行列的联属。

⑯这是说至衢地，与多国接壤，必须和这些国家搞好外交关系。

⑰这是说至重地，深入敌国，远离后方，容易造成给养不继，所以要抄掠敌国。

⑱这是说圮地难行，宜迅速通过。

⑲这是说处围地，宜用奇谋突围而出。

⑳这是说处死地，战则存，不战则亡，所以说"则战"。

11·2　古之善用兵者〔一〕，能使敌人前后不相及，众寡不相恃，贵贱不相救，上下不相收①，卒离而不集，兵合而不齐。合于利而动，不合于利而止。敢问敌众（整而）〔而整〕将来②，待之若何？曰：先夺其所爱则听矣。兵之情主速，乘人之不及③，由不虞之道，攻其所不戒也。

【校记】

〔一〕《十一家》"古"上有"所谓"二字。

【译文】

古代善于用兵的人，能使敌人前面和后面不相衔接，主力和非主力不相呼应，身份高贵者和低贱者不相援救，上级和下级不相统属，士卒分散了便无法集中，兵力集中了也不能整齐。合于利而行动，不合于利则停止。试问：如果敌人人多势众，阵容严整，将要前来与我作战，应当怎样对付？答案是：先夺取其要害就能使其就范。用兵的诀窍是靠行动迅速，乘敌人尚未赶到，由意想不到的路线，去进攻它所不曾防备的地方。

【注释】

①收——与"纠"通。《左传》僖公二十四年"故纠合宗族于成周"，注："纠，收也。"

②整而——是"而整"之倒。此句简本作"适（敌）众以正（整）将来"，《长短经·五间》、《武经总要》前集卷三引作"敌众而整将来"。"以"、"而"互通，据正。

③及——简本作"给"，义相近。《国语·晋语》："诚莫如豫，豫而后给。"注："给，及也。"

11·3　凡为客之道①，深入则专②，主人不克③；掠于饶野，三军足食。谨养而勿劳，并气积力；运兵计谋④，为不可测。

【译文】

一般进入敌国作战的要求是，深入则意志专一，令守敌无法抵御；抄掠其富饶的乡村，使三军有充足的粮食；小心保养，勿使劳累，鼓足士气，积聚力量；调动兵力，制订计谋，使敌人虚实莫测。

【注释】

①客——指攻入他人境内的一方。

②专——心志专一。

③主人——指守土自战的一方。

④运兵——指部署兵力。计谋——指出谋画策。

11·4　投之无所往，死且不北。死焉不得，士人尽力。兵士甚陷则不惧，无所往则固，入深则拘〔一〕，不得已则斗①。是故其兵不修而戒②，不求而得，不约而亲，不令而信，禁祥去疑③，至死无所之。

【校记】

〔一〕《十一家》"入深"作"深入"。

【译文】

把士兵投入无路可走的境地，他们就会宁可战死也不逃跑。战死已成求之不得，士兵就会竭尽全力。士兵陷入困境过深就会无所畏惧，无路可逃就会军心稳固，深入敌境就会紧张拘束，迫不得已就会拼死搏斗。所以这样的军队不用调教也会戒备，不用要求也会执行，不用约束也会亲附，不用命令也会服从，禁绝吉凶占验，祛除疑惑忧虑，就是战死也不会退逃。

【注释】

①此句简本作"……所往则斗"。

②修——简本作"调"，二字古音相近（"修"心母幽部，"调"定母幽部）。

③祥——指吉凶征兆，灾异之变。曹操注："禁妖祥之言，去疑惑之计。"

11·5　吾士无余财，非恶货也；无余命①，非恶寿也。令发之日，士卒坐者涕沾襟〔一〕，偃卧者涕交颐②，投之无所往〔二〕，诸、刿之勇也③〔三〕。故善用兵者，譬如率然④。率然者，常山之蛇也⑤，击其首则尾至，击其尾则首至，击其中则首尾俱至⑥。敢问〔兵〕可使如率然乎⑦〔四〕？曰：可。夫吴人与越人相恶也⑧，当其同舟济而遇风^[五]，其相救也如左右手。是故方马埋轮^⑨，未足恃也；齐勇若一^⑩，政之道也^⑪；刚柔皆得^⑫，地之理也^⑬。故善用兵者，携手若使一人，不得已也。

【校记】

〔一〕《武经》"涕"讹作"沸"，"霑"讹作"霈"。

〔二〕《十一家》"往"下有"者"字。

〔三〕《武经》"刿"作"歲"。

〔四〕《十一家》"可"上有"兵"字。

〔五〕《十一家》"济而"作"而济"。

【译文】

我方士兵肯弃财货于不顾，不是因为讨厌财货；敢舍性命于一死，不是因为讨厌寿命。命令下达之日，士兵们坐着的涕泪沾湿衣衫，躺着的涕泪淌过腮边，只要把他们投入无路可走的境地，他们会像专诸、曹刿一样勇敢。所以善于用兵的人，就好比率然一样。率然，是常山（恒山）中的一种蛇，打它的头，它的尾巴就会来救应；打它的尾巴，它的头就调来救应，打它的身子，它的头和尾巴就会一起来救应。试问能够使军队像率然一样吗？答案是可以。吴人和越人是相互仇视的，但当他们同乘一条船渡水而碰上风暴，他们互相救助竟像人的左右两手。所以并联战马，掩埋车轮，是靠不住的；协调勇士与懦夫，有如一人，才是御兵之术的上乘；兼顾刚地与柔弱，相得益彰，才符合作战地形的规律。所以善于用兵的人，能使士兵协作得像使用一个人一样，是因为迫不得已。

【注释】

①此句简本作"无余死"，义相近。

②这两句，简本作"士坐者涕□□，卧〔者涕□□〕"。上句所缺二字似是"鐵䫴"，"鐵"字可读为"瀸"，《说文》："瀸，渍也。"《广雅·释诂》："沾、……瀸、……渍也。""瀸"与"沾"音近义通。"䫴"即《说文》籀文"颐"。下句所缺二字，疑当作"沾襟"，似与今本互倒。

③诸——即专诸，吴棠邑人，为吴公子光（即位后为吴王阖闾）刺杀吴王僚（见《左传》昭公二十年、二十七年及《史记·刺客列传》等书，《左传》作"鱄设诸"）。刿——音 guì，即曹刿，亦名曹沫。鲁人，参加齐鲁柯之盟，以匕首劫齐桓公于坛上，求返鲁三败所亡之地，桓公许之（见《左传》庄公十年、《管子·大匡》、《荀子·王制》、《吕氏春秋·贵信》、《史记》之《齐世家》、《鲁世家》、《刺客列传》等书）。两人都是春秋时代著名的勇士。

④率然——简本作"衛然"，"衛"应是"衛"字（西汉人往往书"率"为"衛"）之讹。《御览》卷二七〇引作"帅然"，"帅"与"率"通。"率然"有轻松、随便、反应灵活自如的意思。《后汉书·贾复传》："复率然对曰。"《管子·轻重甲》："帅然筴桐鼓从之。"这里用作"恒山之蛇"的名字。

⑤常山——简本作"恒山"，今本系避汉文帝讳改字。恒山在今河北曲阳县西北与山西接壤处。由于汉改恒山为常山，后人或误解，如《神异经·西荒经》："西方山中有蛇，头尾差大，有色五彩。人物

触之者，中头则尾至，中尾则头至，中腰则头尾并至，名曰'率然'。"张华注："会稽常山最多此蛇，《孙子兵法》'三军势如率然'者也。"注以唐常山(在今浙江常山县东)当此恒山，非是。

⑥《战国策·魏策四》："梁者，山东之要也。有蛇于此，击其尾其首救，击其首其尾救，击其中身首尾皆救。今梁王天下之中身也。秦攻梁者，是示天下要断山东之脊也，是山东首尾皆救中身之时也。"语意与此相似。

⑦此句据简本、《十一家》补"兵"字。

⑧此句简本作"越人与吴人相恶也"。

⑨方——《说文》："方，并船。"《荀子·致士》："莫不明通方起"，注："方起，并起。"《仪礼·乡射礼》："不方足"，注："方，犹并也。"曹操注："方马，缚马也；埋轮，示不动也。"《楚辞·国殇》："霾两轮兮絷四马。""霾"读"埋"，义与此同。

⑩这是说要使士兵的勇怯齐一。

⑪政——指御兵之术。

⑫刚柔——注家多以为是指士之强弱，但原文分明是以"刚柔"为"地之理"，可见并不正确。案"刚柔"一词屡见于《易经》和《易传》，是"阴阳"的派生术语，或指卦象之构成，即阴爻和阳爻的相对位置和相对变化；或指昼夜之象，即《礼记·曲礼上》所说的"刚日"和"柔日"；或指天道阴阳在地形上的反映，即所谓"立天之道，曰阴与阳；立地之道，曰柔与刚"(见《说卦》，韩康伯注："在天成象，在地成形。阴阳者言其气，刚柔者言其形。")。这里所用是第三种含义。

⑬地——指决定士兵心理变化的各种作战环境，即上述"九地"。

11·6 将军之事，静以幽，正以治①，能愚士卒之耳目，使之无知②；易其事，革其谋，使(人)〔民〕无识③；易其居，迁其途，使(人)〔民〕不得虑④。帅与之期，如登高而去其梯，帅与之深入诸侯之地，而发其机⑤〔一〕。若驱群羊，驱而往，驱而来，莫知所之。聚三军之众，投之于险，此将军之事也〔二〕。

【校记】

〔一〕《十一家》下有"焚舟破釜"。

〔二〕《十一家》"此"下衍"谓"字。

【译文】

将军带兵，要显得冷静沉稳，高深莫测，端庄持重，有条不紊，能够蒙蔽士兵的耳目，使他们毫无所知；经常变换任务，改动计划，使士兵什么也搞不清；经常变换宿营地，做迂回行军，使士兵什么也没法想。将帅与他们约期会战，好比登高而抽去其梯；将帅与他们深入他国领土，然后才披露意图，下令作战。就好像驱赶羊群，赶过来，赶过去，不知道要到何处去。集合三军士兵，把他们投入危险的境地，这正是将军带兵的诀窍。

【注释】

①古代"而"、"以"互通。这两句应读为"静而幽，正而治"。

②此句简本作"使无之"，应是"使无所往"之义。

③人——系后人避唐太宗讳改字，据简本正为"民"。

④人——同上注。

⑤发其机——扳动弩机，喻决战事。

11·7　九地之变①，屈伸之利②，人情之理③，不可不察也〔一〕。

【校记】

〔一〕《十一家》无"也"字。

【译文】

九地的变化，变通的好处，心理的规律，不可不加以了解。

【注释】

①指相应于上述"九地"的战术要求。

②指各种变通之利，疑即《九变》所述"途有所不由，军有所不击，城有所不攻，地有所不争，君命有所不受"等"五利"。

③指士兵心理，即上所谓"凡为客之道，深入则专"，"兵士甚陷则不惧，无所往则固，入深则拘，不得已则斗"；下所谓"凡为客之道，深则专，浅则散"，"故兵之情：围则御，不得已则斗，过则从"。

11·8　凡为客之道，深则专，浅则散①。去国越境而师者，绝地也②。四通者③〔一〕，衢地也。入深者，重地也，入浅者，轻地也。背固前隘者④，围地也。无所

往者⑤，死地也⑥。

【校记】

〔一〕《十一家》"通"作"达"。

【译文】

一般进入敌国作战，进入较深则意志专一，进入较浅则意志涣散。离开自己的国土，越过边境到他国作战，叫绝地。四通八达，叫衢地。进入敌境深，叫重地。进入敌境浅，叫轻地。背负险固，前为隘口，叫围地。无路可走，叫死地。

【注释】

①指进入敌国作战，士兵心理随深入程度而变化，入深则专一，入浅则涣散。

②绝地——亦见于《九变》。梅尧臣注以为是在"散地"与"轻地"之间，王晳、张预注以为是指去己国，越邻国之境。但原文只说"去国越境而师者，绝地也"，疑是泛指与后方隔绝之地。《管子·兵法》："径于绝地。"含义不明。《尉缭子·天官》："背水陈为绝地。"则与本书"死地"同。案本篇所述九地，战于己地叫"散地"；战于敌境，入浅者叫"轻地"，入深者叫"重地"。疑"绝地"在概念上是与"散地"相对，应包括"轻地"和"重地"。

③通——简本作"彻"，今本系避汉武帝讳改字。

④背固——背负险固。前隘——前为隘口，即上所谓"所由入者隘"，入口和出口是一回事。

⑤此句简本作"倍（背）固前适（敌）者"，意思是背负险固，前受

敌阻。

⑥简本下有"无所往者，穷地也"。"无所往者"乃今本所以释"死地"，"穷地"与"死地"含义相近。

11·9　是故散地吾将一其志①，轻地吾将使之属②，争地吾将趋其后③，交地吾将(谨其守)〔固其结〕④，衢地吾将(固其结)〔谨其守〕⑤，重地吾将继其食⑥，圮地吾将进其途⑦〔一〕，围地吾将塞其阙⑧〔二〕，死地吾将示之以不活⑨。

【校记】

〔一〕《十一家》"途"作"塗"。

〔二〕《武经》"阙"作"阆"。

【译文】

所以散地我将使士兵意志专一，轻地我将使士兵保持行军动作的连续，争地我将迅速迂回敌后，交地我将固守要津，衢地我将慎其守备，重地我将保持粮食的供应，圮地我将进据通道，围地我将自塞生路，死地我将示敌以必死。

【注释】

①散地士卒心理涣散，所以说要"一其志"。

②属——联属。简本作"偻"，应是"遱"的假借字。朱骏声《说文通训定声·需部》："连，遱也。从辵娄声。按行步不绝之貌。如丝曰'联缕'，辞曰'謰謱'，亦双声连语。""遱"、"属"意义相近，

而简本义长。轻地入人之境不深，士卒心理未能专一，尚须进一步深入，所以说"使之属"。

③争地为敌所据，不可从正面攻击，宜速进其后，所以说"趋其后"。

④谨其守——简本用"固其结(结)"（"结"系"结"字之误），《通典》卷一五九、《长短经·地形》引作"固其结"，与下句互倒，据正。交地是敌可来我亦可往之地，宜固守要津，所以说"固其结"。"结"指要津。

⑤固其结——简本作"谨其恃"，《通典》卷一五九引作"谨其市"，《长短经·地形》引作"谨其守也"，与上句互倒，据正。案战国文字"寺"、"市"、"守"三字相近，这里"市"、"守"有可能是"恃"字之误，这里暂时仍作"谨其守"。衢地是四通八达之地，宜谨其守备之处，所以说"谨其守"。

⑥重地给养难以补充，所以说"继其食"。

⑦圮地难行，宜择可行之道，所以说"进其途'。

⑧这是说，我在围地，要塞其阙口，示敌必死。

⑨这是说，我在死地，亦当示敌必死。

11·10 故兵之情：围则御①，不得已则斗，过则从②。

【译文】

所以士兵的心理是：遭敌围困就会抵抗，势不得已就会拼命，陷入困境太深就会言听计从。

【注释】

①围——简本作"遝"。《说文》："遝，遝也。""遝遝"为连语，字亦作"合沓"、"匌匈"。《小尔雅·释言》："沓、袭，合也。"《广雅·释诂》："沓，合也。""遝"字与"围"含义相近。

②即上所谓"兵士甚陷则不惧"。曹操注："陷之甚过，则从计也。"

11·11 是故不知诸侯之谋者，不能豫交〔一〕；不知山林、险阻、沮泽之形者，不能行军；不用乡导者，不能得地利。四五者①，一不知〔二〕，非(霸王)〔王霸〕之兵也②。夫(霸王)〔王霸〕之兵，伐大国，则其众不得聚；威加于敌，则其交不得合。是故不争天下之交，不养天下之权③，信己之私④，威加于敌，故其城可拔，其国可隳⑤。

【校记】

〔一〕《十一家》"豫"作"预"。

〔二〕《十一家》作"不知一"。

【译文】

所以不知道诸侯的打算，不能预结外交；不熟悉山林、险阻、沼泽等地形，不能行军；不使用向导，不能得地利。诸如此类，只要有一件事未考虑到，就算不上王霸之兵。王霸之兵，攻打大国，则其军队无法征集；施加压力于敌国，则其外交无法施展。所以不去争取天下的外交，不去事奉天下的霸权，全凭自己的力量，施加压力于敌国，而可拔取其城池，堕毁其国都。

【注释】

①泛指上述各事。

②霸王——简本作"王霸"，据正，下同。古人所说的"王霸"，"王"是最高统治者的称号，"霸"字本作"伯"，是"王"治下统治一方的首领，古代又叫"方伯"，如周文王曾臣事殷纣王，为纣的"西方伯"。春秋时代的"王霸"理想就是从这种"王"和"伯"发展而来。

③不养——犹言"不事"，"养"是事奉之义。《十一家注》本："'不养'一作'不事'。"陈皞注："天下诸侯，无权可事也。"

④信——读为"伸"，李筌注："惟得伸己之私志。"

⑤这两句简本作"……可拔也，城可隋(隳)也"。《御览》卷三〇四引作"故其国可拔，而其城可隳也"。"国"、"城"位置与今本正好相反。隳——音 huī，通"堕"字。《说文》以"堕"字为"陸"字的篆文，曰："败城阜曰'陸'。"徐铉注："今俗作'隳'，非是。"《吕氏春秋·顺说》："隳人之城郭。"《史记·秦始皇本纪》："堕坏城郭。"

11·12　施无法之赏，悬无政之令。犯三军之众①，若使一人。犯之以事，勿告以言；犯之以利，勿告以害②。投之亡地然后存，陷之死地然后生③。夫众陷于害，然后能为胜败④。

【译文】

施行没有规定的奖赏，下达无须监督的军令。约束三军之众，如同使用一人。用事情去约束他们，不要用言语申说；用利益去约束他们，不要告以害处。把他们投入死地，然后才能找到生路。使士兵陷入困境，然后才能决定胜负。

【注释】

①犯——疑读为"范"。《易·系辞上)》："范围天地而不过。"《释文》引张璠本作"犯违"。这里"犯"是约束之义。

②这两句简本作"……以害，勿告以利"，与今本相反。

③这两句简本作"……芋(汙)之亡地然而后存，陷……"，"汙"(同污)、"陷"对文。《史记·淮阴侯列传》韩信语引《兵法》"陷之死地而后生，置之亡地而后存"，与今本互倒。"置"与"投"字亦可互训。曹操注引孙膑语："兵恐不投之于死地也。"

④此句简本作"然后能为败为……"。

11·13　故为兵之事，在顺详敌之意①〔一〕，并敌一向②，千里杀将，是谓巧能成事〔二〕。是故政举之日③，夷关折符④，无通其使，厉于廊庙之上⑤，以诛其事⑥。敌人开阖⑦，必亟入之，先其所爱⑧，微与之期⑨，践墨随敌⑩，以决战事。是故始如处女⑪，敌人开户；后如脱兔⑫，敌不及拒。

【校记】

〔一〕《十一家》"在"下有"于"字。

〔二〕《十一家》作"此谓巧能成事者也"。

【译文】

所以用兵作战，在于摸清敌人的意图，根据敌人的运动方向而运动，出兵千里，杀其将军，这就叫用巧妙的方法取得成功。所以当决战前夕，要封锁关口，销毁符节，禁止使节往来，在廊庙之上勉励再三，以责成其事。敌人打开门户，一定要迅速进入，先敌占领要害，暗地寻找战机；步步跟随敌军，进行最后决战。所以开始好像未嫁的姑娘，敌人打开门户；然后却像撒开的兔子，敌人已来不及阻挡。

【注释】

①顺详——犹言"顺察"，"详"是详悉之义。或读"顺"为"慎"，亦通。

②指根据敌人的运动方向安排自己的行军路线，即下文所谓"践墨随敌"。

③政举——指决定与敌作战。

④夷关——闭关。折符——毁符。《周礼·地官·掌节》："门关用符节。"闭关毁符，则人不得出入往来。

⑤此句简本作"厉于郎（廊）上"。厉——同"励"，是激劝之义。廊庙——指庙堂。《战国策·秦策》："今君相秦，计不下席，谋不出廊庙，坐制诸侯。"

⑥诛——责成。《广雅·释诂一》："诛，责也。"曹操注："诛，

治也。"

　　⑦阖——音 hé，《说文》："阖，门扇也。"简本作"闗"，音 huì；
《说文》："闗，市外门也。""开阖"或"开闗"，都是开放门户之义。

　　⑧即上所谓"先夺其所爱"，指先敌占有作战的有利条件。

　　⑨微——暗地里。期——指寻找战机，准备与敌决战。

　　⑩践——践履。墨——绳墨。践墨随敌——指暗地跟随敌人。

　　⑪处女——未出嫁的女子，喻其静。

　　⑫脱兔——放开的兔子，喻其动。

火攻第十二

【解题】

"火攻"，指用火来帮助进攻。

12·1　孙子曰：凡火攻有五：一曰火人①，二曰火积②，三曰火辎③，四曰火库④，五曰火队⑤。

【译文】

孙子说：一般说火攻有五种：一是"火人"（烧其军队）；二是"火积"（烧其储备）；三是"火辎"（烧其辎重）；四是"火库"（烧其军械仓库）；五是"火队"（烧其冲锋队或攻城地道）。

【注释】

①人——指敌军。

②积——指委积。

③辎——指辎重。

④库——《说文》："库，兵车藏也。"《礼记·曲礼下》："在府言府，在库言库。"注："库，谓车马兵甲之处也。""库"字本义指武库。

战国时期出土兵器，铭文往往记有所藏之库名，如"左库"、"右库"等。

⑤队——李筌、梅尧臣、张预注解为"队仗"，杜牧注解为"行伍"，贾林、何延锡注所据本作"隧"，解为"粮道"。案"队仗"之说与"火辎""火库"重，"行伍"之说与"火人"重，"粮道"之说亦误，"隧"是地道或路沟，不是粮道。案此"队"字疑读为"隧"，指攻城的冲锋队或地道。如《墨子·备城门》："客攻以遂（队），十万物之众。攻无过四队者，上术（队）广五百步，中术（队）三百步，下术（队）〔百〕五十步，诸不尽百五〔十〕步者，主人利而客病。广五百步之队，丈夫千人，丁女子二千人，老小千人，凡四千人，而足以应之，此守术（队）之数也。""穴队若冲队，必审如（知）攻队之广狭，而令邪穿亓（其）穴，令亓（其）广必夷客队。"前者是对付攻城的冲锋队，后者是对付攻城的地道。

12·2　行火必有因，烟火必素具①，发火有时，起火有日。时者，天之燥也；日者，月在箕、壁、翼、轸也②。凡此四宿者，风起之日也。凡火攻，必因五火之变而应之③：火发于内，则早应之于外；火发而其兵静者〔一〕，待而勿攻④。极其火力⑤，可从而从之〔二〕，不可从则止〔三〕。火可发于外，无待于内，以时发之。火发上风，无攻下风。昼风久，夜风止⑥。凡军必知五火之变〔四〕，以数守之。

【校记】

〔一〕《十一家》无"而其"二字。

〔二〕《武经》"而"作"则"。

〔三〕《十一家》"则"作"而"。

〔四〕《十一家》"知"下有"有"字。

【译文】

纵火必须有一定条件，烟火器材必须素有准备。点火要选择季节和日子。季节，要选择气候干燥的时候；日子，要选择月亮行经箕、壁、翼、轸四个星宿的时候。月亮行经这四个星宿时，是风起的日子。凡用火攻，必须根据五种火攻的变化而以兵力去配合。火从里面烧起，则应预先在外面接应；火起之后敌军毫无动静，要静观而勿攻。让火一直烧下去，可以借火势而攻就攻，不能借火势而攻就停止。火也可以从外面烧起，但不可在里面等待。要按照时间点火。火从上风点起，不要在下风进攻。白天风刮得久了，夜晚就会停止。军队必须懂得五种火攻的变化，掌握其分寸。

【注释】

①这两句简本作"〔□〕火有因，因必素具"。今本"烟火"有可能是从"因"字先讹作"烟"，然后又讹作"烟火"。但曹操注已作"烟火"，唐以来古书引文亦俱作"烟火"。

②箕——二十八宿之一，青龙七宿的末一宿，即人马座 γ、δ、ε、η 四星。壁——二十八宿之一，玄武七宿的末一宿，即飞马座 γ、仙女座 α。翼——二十八宿之一，朱鸟七宿的第六宿，有星二十二

颗，大部分属巨爵座，另有一部分属长蛇座。轸——二十八宿之一，朱鸟七宿的末一宿，即乌鸦座 γ、ε、δ、β 四星。这里是说，月经上述四宿之日则多风，有风则利于火攻。案古人常以月道所经星座推测季节气候，如《诗·小雅·渐渐之石》："月离于毕，俾滂沱矣。"《书·洪范》："庶民惟星，星有好风，星有好雨。日月之行，则有冬有夏。月之从星，则以风雨。"传："箕星好风，毕星好雨。"《汉书·天文志》："箕星好风，东北之星也。东北地事，天位也，故《易》曰'东北丧朋'。及巽在东南，为风；风，阳中之阴，大臣之象也，其星，轸也。月去中道，移而东北入箕，若东南入轸，则多风。西方为雨；雨，少阴之位也。月去中道，移而西入毕，则多雨。故《诗》云'月离于毕，俾滂沱矣'，言多雨也。《星传》曰：'月入毕则将相有以家犯罪者'，言阴盛也。《书》曰：'星有好风，星有好雨，月之从星，则以风雨'，言失中道而东西也。故《星传》曰：'月南入牵牛南戒，民间疾疫，月北入太微，出坐北，若犯坐，则下人谋上。"钱宝琮《论二十八宿之来源》(《思想与时代》四十三期)论之，以为西周仲春多风之季，月在箕宿；孟秋多雨之季，月在毕宿，所见只能是黎明时分的下弦月而不是满月，如果月相为满月，须逆推至六千年前。

　　③简本无"凡火攻，必因五火之变而应之"两句。

　　④这两句简本作"火发其兵静而勿攻"，较今本简略。

　　⑤此句简本作"极其火央"。《广雅·释诂》，"央，尽也。""央，极，已也。"杜牧注："俟火尽已来。"今本与之义近，但较为浅显易懂，疑出后人改句。

⑥这是说白天刮风时间长了，到夜晚就会停止。《老子》："飘风不终朝。"

12·3　故以火佐攻者明①，以水佐攻者强。水可以绝，不可以夺②。

【译文】

所以用火来帮助进攻可以壮大其声势，用水来帮助进攻可以增强其威力。但水只能隔绝敌军，却不能赶走敌军。

【注释】

①明——《左传》哀公十六年："与不仁人争明，无不胜。"王引之《经义述闻》引王念孙说谓"争明"即"争强"，则"明"可训"强"（盖由"明"字有显义而引申）。杨炳安《孙子会笺》谓"明"与下文"强"字乃互文，旧注皆误。其说可从。

②夺——古称禳除凶祟叫"夺"，如楚占卜竹简在记载占卜结果后，常常提到"以其故敓（夺）之"，字本作"敓"。"夺"有"去"义，如《素问·通评虚实论》"精气夺则虚"，王冰注："夺，谓精气减少，如夺去也。"又《腹中论》"勿动巫夺"，王冰注："夺，去也。"这里是赶走之义。

12·4　夫战胜攻取而不修其功者凶①，命曰费留②。故曰：明主虑之，良将修之③，非利不动，非得不用，非危不战。主不可以怒而兴师④，将不可以愠而致战，

合于利而动⑤，不合于利而止。怒可以复喜，愠可以复说⑥〔一〕，亡国不可以复存，死者不可以复生。故明主慎之〔二〕，良将警之，此安国全军之道也。

【校记】

〔一〕《十一家》"说"作"悦"。

〔二〕《十一家》"主"作"君"。

【译文】

战必胜、攻必取而不能做到适可而止是很危险的，叫做"费留"（耗费资财，淹留不归）。所以说：贤明的君主要慎重考虑这一问题，优秀的将领要认真处理这一问题，没有好处不行动，没有收获不使用，不是危险不决战。君主不可以因一时之怒而举兵，将领不可以因一时之怒而出战，合于利而行动，不合于利则停止。愤怒可以重新转为喜悦，但国家灭亡却不能复存，士兵死亡却不能再生。所以贤明的君主对之极为慎重，优秀的将领对之非常警惕，这是保证国家和军队安全的关键。

【注释】

①此句简本作"……得不隋其功者凶"，《文选·魏都赋》刘良注引作"战胜而不修其赏者凶"。修——可能字本作"隋"而讹为"脩"，又通作"修"。简本"隋"应读为"随"，是顺随之义。《左传》隐公四年："夫兵，犹火也；弗戢，将自焚也。"

②费留——"费"指耗费资财，即《谋攻》、《用间》所说"日费千金"等等；"留"指淹留不归，即《用间》所说"相守数年"等等。

③修——简本作"随"。

④师——简本、《治要》卷三三、《通典》卷一五六、《御览》卷二七二、三一一引作"军"，义相近。

⑤动——简本、《治要》卷三三、《通典》卷一五六、《御览》卷二七二引作"用"。

⑥说——同"悦"。

用间第十三

【解题】

"用间"，指使用间谍。《尔雅·释言》："间，倪也。"注："《左传》谓之'谍'，今之细作也。"疏："'反间'一名'倪'，今之细作也。注'《左传》谓之谍'者，案桓十二年云：'使伯嘉谍之'，杜注云：'谍，伺也。《兵书》谓之"反间"也。'案《说文》云：'谍，军中反间也。'谓诈为敌国之人，入其军中，伺候间隙，以反报其主。又郑注《周礼·掌戮》云：'谍，谓奸寇反间者。'"可见"间"本指"伺候间隙"，"谍"则指"反报"之人（《说文》称之为"反间"，但与本篇"反间"含义有别，相当于本篇"生间"）。

13·1　孙子曰：凡兴师十万①，出征千里②，百姓之费，公家之奉，日费千金，内外骚动，怠于道路，不得操事者，七十万家③，相守数年④，以争一日之胜，而爱爵禄百金⑤，不知敌之情者，不仁之至也，非（人）〔民〕之将也⑥，非主之佐也，非胜之主也。故明君贤将所以动而胜人，成功出于众者，先知也。先知者，不可取于鬼神，不可象于事⑦，不可验于度⑧，必取于人，知敌之情者也。

【译文】

孙子说：一般出动一支十万人的军队，千里迢迢出征国外，百姓的花费，国家的供应，每天要花费千金之巨，国内外一片骚动，沿途疲于转输，不能操持生计的人将有七十万家之多。相持数年之久，只是为了夺取最后一天的胜利，而却吝惜爵禄钱财，不能掌握敌情，这种人真是毫无仁爱之心，不配当士兵的统帅，不配当君主的助手，不配当胜利的主宰。所以贤明的君主和优秀的将领，他们之所以能够动辄战胜敌人，其成就功业超群拔俗，是出于先知。先知不可从鬼神祈求，不可从象数占卜，也不可从躔度推验，而只能从人的身上得到，即从知道敌情的人的身上得到。

【注释】

①即《作战》所说"带甲十万"。

②《作战》作"千里馈粮"。

③《司马法》佚文述井田出军之法分两种，一种是"六尺为步，步百为晦，晦百为夫，夫三为屋，屋三为井，井十为通。通为匹马，三十家，士一人，徒二人。通十为成，成百井，三百家，革车一乘，士十人，徒二十人；十成为终，终千井，三千家，革车十乘，士百人，徒二百人。十终为同，同方百里，万井，三万家，革车百乘，

士千人，徒二千人"（《周礼·地官·小司徒》注引），每90家出士、徒9人，平均每10家出1人；另一种是"六尺为步，步百为亩，亩百为夫，夫三为屋，屋三为井，四井为邑。四邑为丘，丘有戎马一匹，牛三头，是曰'匹马丘牛'。四丘为甸，甸六十四井，出长毂一乘，马四匹，牛十二头，甲士三人，步卒七十二人，戈楯具，谓之乘马"（《春秋》）成公元年疏引），每576家出士、徒75人，平均每7.68家出1人。前者是古制，后者是新制。此云"兴师十万"，"不得操事者，七十万家"，与后者合，"七十万"应是约数。曹操注："古者八家为邻，一家从军，七家奉之，言千万之师举，不事耕稼者，七十万家。""八家为邻"系据《孟子·滕文公下》"八夫共井"之说，不可信，七家奉一家是八家出一人，也与《司马法》相悖。

④《韩非子·喻老》："天下无道，攻击不休，相守数年不已，甲胄生虮虱，燕雀处帷幄，而兵不归。"这是战国以来的特点。

⑤爵禄——爵位和俸禄，战国时期各国相继设立自己的爵禄制度，如秦有二十等爵制。百金——详《作战》注⑩。

⑥人——系避唐太宗讳改字，简本、《潜夫论·劝将》、《治要》卷三三、《周礼·秋官·士师》贾公彦疏引并作"民"，据正。

⑦象于事——指筮占。《易·系辞下》："吉事有祥，象事知器，占事知来。""象事"指易筮的"象数之学"。

⑧度——躔度，即日月星辰在天空中运行的度数。

13·2　故用间有五：有因间①，有内间，有反间，有死间，有生间。五间俱起，莫知其道，是谓神纪，人君之宝也。因间者，因其乡人而用之②；内间者，因其官人而用之③；反间者，因其敌间而用之④；死间者，为诳事于外⑤，令吾间知之而传于敌间也⑥；生间者，反报也⑦。故三军之事⑧，莫亲于间，赏莫厚于间，事莫密于间，非圣智不能用间，非仁义不能使间，非微妙不能得间之实。微哉微哉⑨！无所不用间也。间事未发而先闻者⑩，间与所告者皆死⑪。凡军之所欲击，城之所欲攻，人之所欲杀，必先知其守将、左右、谒者、门者、舍人之姓名⑫，令吾间必索知之。(必索)敌间之来间我者⑬〔一〕，因而利之，导而舍之，故反间可得而用也；因是而知之，故乡间、内间可得而使也⑭；因是而知之，故死间为诳事，可使告敌〔二〕；因是而知之，故生间可使如期。五间之事，主必知之，知之必在于反间，故反间不可不厚也。

【校记】

〔一〕《十一家》作"必索敌人之间来间我者"。

〔二〕《武经》作"主必曰敌"。

【译文】

所以使用间谍分五种：有因间，有内间，有反间，有死间，有生间。五种间谍一起使用，使人无从了解其奥妙，这就是所谓神妙的道理，君主的法宝。因间，是利用敌方的乡野之民作间谍；内间，是利用敌方的官吏作间谍；反间，是利用敌方的间谍作我方间谍；死间，是故意把假情报传到外面，让我方间谍得知而传给敌方间谍；生间，是送回情报的人。所以三军之事，没有比间谍更值得信赖的了，赏赐没有比间谍更优厚的了，事情没有比间谍更机密的了。不是才智过人不能调遣间谍，不是深仁厚义不能使用间谍，不是神机妙算不能得到真实的情报。微妙啊微妙，简直没有什么地方不能使用间谍。用间计划尚未付诸实施而预先走露了消息，走露消息的间谍与他所告诉的人都要处死。凡是要攻打某个军队，夺取某个城池，刺杀某个人物，一定要预先探知它的驻守将领、左右近臣、谒者、门者、舍人的姓名，命令我方间谍务必刺探清楚。敌方派来刺探我方的间谍，要加以收买利用，引导放归，这样反间就可以为我所用；根据反间的使用情况才能决定，乡间和内间可以被使用；根据乡间和内间的使用情况才能决定，可以让死间传出假情报，告给敌人；根据死间的使用情况才能决定，生间可以按期返回。有关这五种间谍的各种事情，国君必须知道，知道这些事情必定取决于反间，所以对反间不可不厚待。

【注释】

①因间——是指利用敌国的乡野之民当间谍。下文"故乡间、内间可得而使也"，作"乡间"。贾林注："读'因间'为'乡间'。"张预注："'因间'当为'乡间'。"《武经七书直解》、《孙子书校解引类》并改作"乡间"。

②乡人——指敌国之民。

③官人——指敌国官吏。

④指收买敌方间谍反为我用。这种"反间"与《说文》释"谍"字所说的"反间"不同，后者是指"反报"。

⑤"诳事"，诳音 kuáng，假情报。

⑥传——《后汉书·文苑列传》李贤注引作"得"，《通典》卷一五一、《长短经·五间》、《御览》卷二九二引作"待"。

⑦反报——《说文》："谍，军中反间也。"即指此。简本释五间顺序是生、因、内、反、死，与今本不同。

⑧事——简本、《通典》卷一五一、《长短经·五间》、《御览》卷二九二引作"亲"，义较今本为胜。

⑨微——两"微"字，简本俱作"密"。

⑩此句简本作"间事未发闻"。

⑪《六韬·龙韬·阴符》："若符事闻，泄告者皆诛之。"

⑫守将——据《墨子·号令》"守将营无下三百人"，似是守城之将。左右——应指守将身边的近侍之臣，如《墨子·号令》所说的"执盾、中涓及妇人"。谒者——《墨子·号令》："守必谨微察视谒者、执盾、中涓及妇人侍前者志意、颜色、使令，言语之请(情)，及上饮食必令人尝，若非请(情)也，系而请(情)故。守有所不悦谒者、执盾、中涓及妇人侍前者，守曰断之。冲之、若缚之不如令及后缚者，皆断。……谒者侍令门外，为二曹，夹门坐，铺食更，无空。门下谒者一长，守数令入中，视其亡者，以督门尉与其官长及亡者中报。四人夹令门内坐，二人夹散门外坐，客见，持兵立前。铺食更，上侍者名。"从所述谒者职守看，似乎是守宫的门卫。门者——

据《墨子·备城门》"门者皆无得挟斧、斤、凿、锯、椎"及《号令》"辨护诸门，门者及有守禁者皆无令无事者得稽留止其旁，不从令者戮"，似是把守城门之吏。舍人——据《墨子·备穴》"穴二窑，皆为穴瓦屋，为置吏舍人各一人"，可能是守舍之吏。

⑬必索——《史记·燕召公世家》裴骃《集解》、《通典》卷一五一、《御览》卷二九二引无此二字，据删。

⑭乡间——《通典》卷一五一引作"因间"，《御览》卷二九二引系据《通典》，但改作"乡间"。

13·3　昔殷之兴也，伊挚在夏①；周之兴也，吕牙在殷②，故明君贤将〔一〕，能以上智为间者，必成大功。此兵之要，三军所恃而动也〔二〕。

【校记】

〔一〕《十一家》"故"下有"惟"字。

〔二〕《十一家》"三军"下有"之"字。

【译文】

从前殷国的兴起，是因为伊挚在夏国；周国的兴起，是因为吕牙在殷国。所以贤明的君主和优秀的将领，若能凭高超的智慧使用间谍，必定会取得伟大的成功。这是用兵的关键，三军靠它而决定其行动。

【注释】

①伊挚——即商臣伊尹，甲骨卜辞作"伊尹"或"伊"，叔弓镈铭

作"伊少(小)臣"。伊尹名挚,亦见于《墨子·尚贤中》、《楚辞》之《离骚》、《天问》。"伊挚在夏"之说,即伊尹"五就汤五就桀"之说。如《孟子·告子下》:"五就汤五就桀者,伊尹也。"《吕氏春秋·慎大》:"汤欲令伊尹往视旷夏,恐其不信,汤亲射之。伊尹奔夏,三年归亳。"《鬼谷子·午合》:"伊尹五就汤,五就桀,然后合于汤。"《史记·殷本纪》:"伊尹去汤适夏,复归于亳。"

②吕牙——即齐太公。太公以吕为氏,名望,字子牙。"吕牙在殷"之说,即吕望"三就文王三入殷"之说。如《鬼谷子·午合》:"吕望三就文王,三入殷,然后合于文王。"又此句之后,简本多出"〔□之兴也〕,□衞师比在陉;燕之兴也,苏秦在齐"。

《孙子》原文速览

【（始）计第一】

1·1 孙子曰：兵者，国之大事。死生之地，存亡之道，不可不察也。

1·2 故经之以五事，校之以计，而索其情：一曰道，二曰天，三曰地，四曰将，五曰法。道者，令民与上同意，可与之死，可与之生，而不（畏）危也；天者，阴阳、寒暑、时制也；地者，远近、险易、广狭、死生也；将者，智、信、仁、勇、严也；法者，曲制、官道、主用也。凡此五者，将莫不闻，知之者胜，不知者不胜。故校之以计，而索其情，曰：主孰有道？将孰有能？天地孰得？法令孰行？兵众孰强？士卒孰练？赏罚孰明？吾以此知胜负矣。将听吾计，用之必胜，留之；将不听吾计，用之必败，去之。

1·3 计利以听，乃为之势，以佐其外。势者，因利而制权也。兵者，诡道也。故能而示之不能，用而示之不用，近而示

之远，远而示之近。利而诱之，乱而取之，实而备之，强
而避之怒而挠之，卑而骄之，佚而劳之，亲而离之。攻其
无备，出其不意。此兵家之胜，不可先传也。

1·4　夫未战而庙算胜者，得算多也；未战而庙算不胜者，得算
少也。多算胜少算(不胜)，而况于无算乎！吾以此观之，胜
负见矣。

【作战第二】

2·1　孙子曰：凡用兵之法，驰车千驷，革车千乘，带甲十万，
千里馈粮。〔则〕内外之费，宾客之用，胶漆之材，车甲之
奉，日费千金，然后十万之师举矣。

2·2　其用战也，胜久则钝兵挫锐，攻城则力屈。久暴师则国用
不足。夫钝兵挫锐，屈力殚货，则诸侯乘其弊而起，虽有
智者，不能善其后矣。故兵闻拙速，未睹巧之久也。夫兵
久而国利者，未之有也。

2·3　故不尽知用兵之害者，则不能尽知用兵之利也。善用兵者，
役不再籍，粮不三载，取用于国，因粮于敌，故军食可足
也。国之贫于师者远输，远输则百姓贫；近师者贵卖，贵
卖则百姓财竭；财竭则急于丘役。(力屈)〔屈力〕(财殚)中原，
内虚于家，百姓之费，十去其(七)〔六〕；公家之费，破车
罢马，甲胄矢弓，戟楯矛橹，丘牛大车，十去其(六)〔七〕。
故智将务食于敌，食敌一钟，当吾二十钟；萁秆一石，当

吾二十石。故杀敌者，怒也；取敌之利者，货也。车战，
得车十乘以上，赏其先得者而更其旌旗。车杂而乘之，卒
善而养之，是谓胜敌而益强。

2·4　　故兵贵胜，不贵久。

2·5　　故知兵之将，民之司命，国家安危之主也。

【谋攻第三】

3·1　　孙子曰：夫用兵之法，全国为上，破国次之；全军为上，
　　　　破军次之；全旅为上，破旅次之；全卒为上，破卒次之；
　　　　全伍为上，破伍次之。

3·2　　是故百战百胜，非善之善者也；不战而屈人之兵，善之善
　　　　者也。故上兵伐谋，其次伐交，其次伐兵，其下攻城。攻
　　　　城之法，为不得已。修橹轒辒，具器械，三月而后成；距
　　　　堙，又三月而后已。将不胜其忿而蚁附之，杀士卒三分之
　　　　一，而城不拔者，此攻之灾也。故善用兵者，屈人之兵而
　　　　非战也，拔人之城而非攻也，毁人之国而非久也，必以全
　　　　争于天下，故兵不顿而利可全，此谋攻之法也。

3·3　　故用兵之法，十则围之，五则攻之，倍则分之，敌则能战
　　　　之，少则能逃之，不若则能避之。故小敌之坚，大敌之
　　　　擒也。

3·4　　夫将者，国之辅也。辅周则国必强，辅隙则国必弱。故君
　　　　之所以患于军者三：不知军之不可以进而谓之进，不知军

之不可以退而谓之退，是谓縻军；不知三军之事而同三军之政，则军士惑矣；不知三军之权而同三军之任，则军士疑矣。三军既惑且疑，则诸侯之难至矣。是谓乱军引胜。

3·5　故知胜有五：知可以（与战）〔战与〕不可以（与）战者胜，识众寡之用者胜，上下同欲者胜，以虞待不虞者胜，将能而君不御者胜。此五者，知胜之道也。故曰：知彼知己，百战不殆；不知彼而知己，一胜一负；不知彼，不知己，每战必败。

【（军）形第四】

4·1　孙子曰：昔之善战者，先为不可胜，以待敌之可胜。不可胜在己，可胜在敌。故善战者，能为不可胜，不能使敌之必可胜。故曰：胜可知，而不可为。不可胜者，守也；可胜者，攻也。守则不足，攻则有余。善守者藏于九地之下，善攻者动于九天之上，故能自保而全胜也。

4·2　见胜不过众人之所知，非善之善者也；战胜而天下曰善，非善之善者也。故举秋毫不为多力，见日月不为明目，闻雷霆不为聪耳。古之所谓善战者，胜于易胜者也。故善战者之胜也，无智名，无勇功，故其战胜不忒。不忒者，其所措胜，胜已败者也。故善战者，立于不败之地，而不失敌之败也。是故胜兵先胜而后求战，败兵先战而后求胜。善用兵者，修道而保法，故能为胜败之政。

4·3　　　兵法：一曰度，二曰量，三曰数，四曰称，五曰胜。地生
　　　　　度，度生量，量生数，数生称，称生胜。故胜兵若以镒称
　　　　　铢，败兵若以铢称镒。

4·4　　　胜者之战〔民也〕，若决积水于千仞之溪者，形也。

【（兵）势第五】

5·1　　　孙子曰：凡治众如治寡，分数是也；斗众如斗寡，形名是
　　　　　也；三军之众，可使（必）〔毕〕受敌而无败者，奇正是也；
　　　　　兵之所加，如以（碬）〔碫〕投卵者，虚实是也。

5·2　　　凡战者，以正合，以奇胜。故善出奇者，无穷如天地，不
　　　　　竭如江海。终而复始，日月是也；死而更生，四时是也。
　　　　　声不过五，五声之变，不可胜听也；色不过五，五色之变，
　　　　　不可胜观也；味不过五，五味之变，不可胜尝也；战势不
　　　　　过奇正，奇正之变，不可胜穷也。奇正相生，如循环之无
　　　　　端，孰能穷之哉！

5·3　　　激水之疾，至于漂石者，势也；鸷鸟之疾，至于毁折者，
　　　　　节也。故善战者，其势险，其节短。势如彍弩，节如发机。

5·4　　　纷纷纭纭，斗乱而不可乱；浑浑沌沌，形圆而不可败。乱
　　　　　生于治，怯生于勇，弱生于强。治乱，数也。勇怯，势也。
　　　　　强弱，形也。

5·5　　　故善动敌者，形之，敌必从之；予之，敌必取之。以利动
　　　　　之，以（本）〔卒〕待之。故善战者，求之于势，不责于人，

故能择人而任势。任势者，其战人也，如转木石。木石之性，安则静，危则动，方则止，圆则行。

5·6　故善战人之势，如转圆石于千仞之山者，势也。

【虚实第六】

6·1　孙子曰：凡先处战地而待敌者佚，后处战地而趋战者劳。故善战者，致人而不致于人。能使敌人自至者，利之也；能使敌人不得至者，害之也。故敌佚能劳之，饱能饥之，安能动之，出其所（不）〔必〕趋，趋其所不意。

6·2　行千里而不劳者，行于无人之地也；攻而必取者，攻其所不守也；守而必固者，守其所（不）〔必〕攻也。故善攻者，敌不知其所守；善守者，敌不知其所攻。微乎微乎，至于无形；神乎神乎，至于无声，故能为敌之司命。进而不可御者，冲其虚也；退而不可追者，（速）〔远〕而不可及也。故我欲战，敌虽高垒深沟，不得不与我战者，攻其所必救也；我不欲战，虽画地而守之，敌不得与我战者，乖其所之也。故形人而我无形，则我专而敌分。我专为一，敌分为十，是以十攻其一也，则我众敌寡。能以众击寡，则吾之所与战者约矣。吾所与战之地不可知，（不可知）则敌所备者多；敌所备者多，则吾所与战者寡矣。故备前则后寡，备后则前寡，备左则右寡，备右则左寡，无所不备，则无所不寡。寡者，备人者也；众者，使之备己者也。故知战之地，知

战之日，则可千里而会战；不知战地，不知战日，则左不
能救右，右不能救左，前不能救后，后不能救前，而况远
者数十里，近者数里乎！

6·3　以吾度之，越人之兵虽多，亦奚益于胜哉！

6·4　故曰：胜可为也，敌虽众，可使无斗。故策之而知得失之
计，(作)〔候〕之而知动静之理，形之而知死生之地，角之而
知有余不足之处。故形兵之极，至于无形。无形则深间不
能窥，智者不能谋。因形而措胜于众，众不能知。人皆知
我所以胜之形，而莫知吾所以制胜之形，故其战胜不复，
而应形于无穷。

6·5　(夫)兵形象水，水之(形)〔行〕避高而趋下，兵之形避实而击
虚；水因地而制(流)〔行〕，兵因敌而制胜。故兵无常势，
水无常形。能因敌变化而取胜者，谓之神。故五行无常胜，
四时无常位，日有短长，月有死生。

【军争第七】

7·1　孙子曰：凡用兵之法，将受命于君，合军聚众，交和而舍，
莫难于军争。军争之难者，以迂为直，以患为利。

7·2　故迂其途而诱之以利，后人发，先人至，此知迂直之计者
也。军争为利，(众)〔军〕争为危。举军而争利则不及，委军
而争利则辎重捐。是故卷甲而趋，日夜不处，倍道兼行，
百里而争利，则擒三将军，劲者先，疲者后，其法十一而

至；五十里而争利，则蹶上将军，其法半至；三十里而争
利，则三分之二至。是故军无辎重则亡，无粮食则亡，无
委积则亡。

7·3　故不知诸侯之谋者，不能豫交；不知山林、险阻、沮泽之
形者，不能行军；不用乡导者，不能得地利。故兵以诈立，
以利动，以分合为变者也。故其疾如风，其徐如林，侵掠
如火，不动如山，难知如阴，动如雷震。掠乡分众，廓地
分利，悬权而动。先知迂直之计者胜，此军争之法也。

7·4　《军政》曰："言不相闻，故为之金鼓；视不相见，故为之旌
旗。"夫金鼓旌旗者，所以一(人)〔民〕之耳目也。(人)〔民〕
既专一，则勇者不得独进，怯者不得独退，此用众之法也。
故夜战多(火)〔金〕鼓，昼战多旌旗，所以变人之耳目也。

7·5　三军可夺气，将军可夺心。是故朝气锐，昼气惰，暮气归。
善用兵者，避其锐气，击其惰归，此治气者也。以治待乱，
以静待哗，此治心者也。以近待远，以佚待劳，以饱待饥，
此治力者也。无邀正正之旗，勿击堂堂之陈，此治变者也。

7·6　故用兵之法，高陵勿向，背丘勿逆，佯北勿从，锐卒勿攻，
饵兵勿食，归师勿遏，围师必阙，穷寇勿迫，此用兵之
法也。

【九变第八】

8·1　　孙子曰：凡用兵之法，将受命于君，合军聚众，圮地无舍，

衢地合交，绝地无留，围地则谋，死地则战。途有所不由，军有所不击，城有所不攻，地有所不争，君命有所不受。

8·2　故将通于九变之利者，知用兵矣；将不通九变之利，虽知地形，不能得地之利矣；治兵不知九变之术，虽知五利，不能得人之用矣。

8·3　是故智者之虑，必杂于利害，杂于利而务可信也，杂于害而患可解也。是故屈诸侯者以害，役诸侯者以业，趋诸侯者以利。故用兵之法，无恃其不来，恃吾有以待之；无恃其不攻，恃吾有所不可攻也。

8·4　故将有五危：必死可杀，必生可虏，忿速可侮，廉洁可辱，爱民可烦。凡此五者，将之过也，用兵之灾也。覆军杀将，必以五危，不可不察也。

【行军第九】

9·1　孙子曰：凡处军相敌：绝山依谷，视生处高，战（隆）〔降〕无登，此处山之军也。绝水必远水。客绝水而来，勿迎之于水内，令半渡而击之利；欲战者，无附于水而迎客；视生处高，无迎水流，此处水上之军也。绝斥泽，唯亟去无留；若交军于斥泽之中，必依水草而背众树，此处斥泽之军也。平陆处易，右背高，前死后生，此处平陆之军也。凡四军之利，黄帝之所以胜四帝也。凡军好高而恶下，贵阳而贱阴。养生处实，军无百疾，是谓必胜。丘陵堤防，必处其阳而右背之，此兵之利，地之助也。上雨水，〔水〕(沫)〔流〕至，欲涉者，待其定也。凡地有绝涧、天井、天牢、天罗、天陷、天隙，必亟去之，勿近也。吾远之，敌近之；吾迎之，敌背之。军旁有险阻、潢井、蒹葭、(林木)〔小林〕、翳荟者，必谨覆索之，此伏奸之所〔处〕也。

9·2　〔敌〕近而静者，恃其险也。远而挑战者，欲人之进也。其所居(易者)〔者易〕，利也。众树动者，来也。众草多障者，疑也。鸟起者，伏也。兽骇者，覆也。尘高而锐者，车来也。卑而广者，徒来也。散而条达者，樵采也。少而往来者，营军也。辞卑而益备者，进也。辞强而进驱者，退也。轻车先出居其侧者，陈也。无约而请和者，谋也。奔走而陈兵者，期也。半进半退者，诱也。杖而立者，饥也。汲而先饮者，渴也。见利而不进者，劳也。鸟集者，虚也。夜呼者，恐也。军扰者，将不重也。旌旗动者，乱也；吏怒者，倦也。杀马肉食者，军无粮也；悬(瓶)〔甄〕不返其舍者，穷寇也。谆谆翕翕，徐与人言者，失众也。数赏者，窘也。数罚者，困也；先暴而后畏其众者，不精之至也。来委谢者，欲休息也。兵怒而相迎，久而不合，又不相去，必谨察之。

9·3　兵非贵益多，虽无武进，足以并力、料敌、取人而已。夫唯无虑而易敌者，必擒于人。卒未亲附而罚之，则不服，不服则难用。卒已亲附而罚不行，则不可用。故(令)〔合〕之以文，齐之以武，是谓必取。令素行以教其民，则民服；

令(不素)〔素不〕行以教其民，则民不服。令素行者，与众相
得也。

【地形第十】

10·1　孙子曰：地形有通者，有挂者，有支者，有隘者，有险者，
有远者。我可以往，彼可以来，曰通。通形者，先居高阳，
利粮道，以战则利。可以往，难以返，曰挂。挂形者，敌
无备，出而胜之，敌若有备，出而不胜，难以返，不利。
我出而不利，彼出而不利，曰支。支形者，敌虽利我，我
无出也，引而去之，令敌半出而击之利。隘形者，我先居
之，必盈之以待敌，若敌先居之，盈而勿从，不盈而从之。
险形者，我先居之，必居高阳以待敌，若敌先居之，引而
去之，勿从也。远形者，势均，难以挑战，战而不利。凡
此六者，地之道也，将之至任，不可不察也。

10·2　故兵有走者，有弛者，有陷者，有崩者，有乱者，有北者。
凡此六者，非天地之灾，将之过也。夫势均，以一击十，
曰走；卒强吏弱，曰弛；吏强卒弱，曰陷；大吏怒而不服，
遇敌怼而自战，将不知其能，曰崩；将弱不严，教道不明，
吏卒无常，陈兵纵横，曰乱；将不能料敌，以少合众，以
弱击强，兵无选锋，曰北。凡此六者，败之道也，将之至
任，不可不察也。

10·3　夫地形者，兵之助也。料敌制胜，计险厄远近，上将之道

也。知此而用战者必胜，不知此而用战者必败。故战道必
胜，主曰无战，必战可也；战道不胜，主曰必战，无战可
也。故进不求名，退不避罪，唯民是保，而利于主，国之
宝也。

10·4　视卒如婴儿，故可与之赴深溪；视卒如爱子，故可与之俱
死。爱而不能令，厚而不能使，乱而不能治，譬如骄子，
不可用也。

10·5　知吾卒之可以击，而不知敌之不可击，胜之半也；知敌之
可击，而不知吾卒之不可以击，胜之半也，知敌之可击，
知吾卒之可以击，而不知地形之不可以战，胜之半也。故
知兵者，动而不迷，举而不穷。故曰：知彼知己，胜乃不
殆；知天知地，胜乃可全。

【九地第十一】

11·1　孙子曰：用兵之法：有散地，有轻地，有争地，有交地，
有衢地，有重地，有圮地，有围地，有死地。诸侯自战其
地者，为散地。入人之地而不深者，为轻地。我得亦利，
彼得亦利者，为争地。我可以往，彼可以来者，为交地。
诸侯之地三属，先至而得天下之众者，为衢地。入人之地
深，背城邑多者，为重地。山林，险阻、沮泽，凡难行之
道者，为圮地。所由入者隘，所从归者迂，彼寡可以击吾
之众者，为围地。疾战则存，不疾战则亡者，为死地。是

故散地则无战，轻地则无止，争地则无攻，交地则无绝，衢地则合交，重地则掠，圮地则行，围地则谋，死地则战。

11·2 古之善用兵者，能使敌人前后不相及，众寡不相恃，贵贱不相救，上下不相收，卒离而不集，兵合而不齐。合于利而动，不合于利而止。敢问敌众(整而)〔而整〕将来，待之若何？曰：先夺其所爱则听矣。兵之情主速，乘人之不及，由不虞之道，攻其所不戒也。

11·3 凡为客之道，深入则专，主人不克；掠于饶野，三军足食。谨养而勿劳，并气积力；运兵计谋，为不可测。

11·4 投之无所往，死且不北。死焉不得，士人尽力。兵士甚陷则不惧，无所往则固，入深则拘，不得已则斗。是故其兵不修而戒，不求而得，不约而亲，不令而信，禁祥去疑，至死无所之。

11·5 吾士无余财，非恶货也；无余命，非恶寿也。令发之日，士卒坐者涕沾襟，偃卧者涕交颐，投之无所往，诸、刿之勇也。故善用兵者，譬如率然。率然者，常山之蛇也，击其首则尾至，击其尾则首至，击其中则首尾俱至。敢问〔兵〕可使如率然乎？曰：可。夫吴人与越人相恶也，当其同舟济而遇风，其相救也如左右手。是故方马埋轮，未足恃也；齐勇若一，政之道也；刚柔皆得，地之理也。故善用兵者，携手若使一人，不得已也。

11·6 将军之事，静以幽，正以治，能愚士卒之耳目，使之无知；易其事，革其谋，使(人)〔民〕无识；易其居，迂其途，使

　　　（人）〔民〕不得虑。帅与之期，如登高而去其梯，帅与之深
　　　入诸侯之地，而发其机。若驱群羊，驱而往，驱而来，莫
　　　知所之。聚三军之众，投之于险，此将军之事也。

11·7　九地之变，屈伸之利，人情之理，不可不察也。

11·8　凡为客之道，深则专，浅则散。去国越境而师者，绝地也。
　　　四通者，衢地也。入深者，重地也，入浅者，轻地也。背
　　　固前隘者，围地也。无所往者，死地也。

11·9　是故散地吾将一其志，轻地吾将使之属，争地吾将趋其后，
　　　交地吾将（谨其守）〔固其结〕，衢地吾将（固其结）〔谨其守〕，
　　　重地吾将继其食，圮地吾将进其途，围地吾将塞其阙，死
　　　地吾将示之以不活。

11·10　故兵之情：围则御，不得已则斗，过则从。

11·11　是故不知诸侯之谋者，不能豫交；不知山林、险阻、沮泽
　　　之形者，不能行军；不用乡导者，不能得地利。四五者，
　　　一不知，非（霸王）〔王霸〕之兵也。夫（霸王）〔王霸〕之兵，伐
　　　大国，则其众不得聚；威加于敌，则其交不得合。是故不
　　　争天下之交，不养天下之权，信己之私，威加于敌，故其
　　　城可拔，其国可隳。

11·12　施无法之赏，悬无政之令。犯三军之众，若使一人。犯之
　　　以事，勿告以言；犯之以利，勿告以害。投之亡地然后存，
　　　陷之死地然后生。夫众陷于害，然后能为胜败。

11·13　故为兵之事，在顺详敌之意，并敌一向，千里杀将，是谓
　　　巧能成事。是故政举之日，夷关折符，无通其使，厉于廊

庙之上，以诛其事。敌人开阖，必亟入之，先其所爱，微与之期，践墨随敌，以决战事。是故始如处女，敌人开户；后如脱兔，敌不及拒。

【火攻第十二】

12·1　孙子曰：凡火攻有五：一曰火人，二曰火积，三曰火辎，四曰火库，五曰火队。

12·2　行火必有因，烟火必素具，发火有时，起火有日。时者，天之燥也；日者，月在箕、壁、翼、轸也。凡此四宿者，风起之日也。凡火攻，必因五火之变而应之：火发于内，则早应之于外；火发而其兵静者，待而勿攻。极其火力，可从而从之，不可从则止。火可发于外，无待于内，以时发之。火发上风，无攻下风。昼风久，夜风止。凡军必知五火之变，以数守之。

12·3　故以火佐攻者明，以水佐攻者强。水可以绝，不可以夺。

12·4　夫战胜攻取而不修其功者凶，命曰费留。故曰：明主虑之，良将修之，非利不动，非得不用，非危不战。主不可以怒而兴师，将不可以愠而致战，合于利而动，不合于利而止。怒可以复喜，愠可以复说，亡国不可以复存，死者不可以复生。故明主慎之，良将警之，此安国全军之道也。

【用间第十三】

13·1　孙子曰：凡兴师十万，出征千里，百姓之费，公家之奉，日费千金，内外骚动，怠于道路，不得操事者，七十万家，相守数年，以争一日之胜，而爱爵禄百金，不知敌之情者，不仁之至也，非〔人〕〔民〕之将也，非主之佐也，非胜之主也。故明君贤将所以动而胜人，成功出于众者，先知也。先知者，不可取于鬼神，不可象于事，不可验于度，必取于人，知敌之情者也。

13·2　故用间有五：有因间，有内间，有反间，有死间，有生间。五间俱起，莫知其道，是谓神纪，人君之宝也。因间者，因其乡人而用之；内间者，因其官人而用之；反间者，因其敌间而用之；死间者，为诳事于外，令吾间知之而传于敌间也；生间者，反报也。故三军之事，莫亲于间，赏莫厚于间，事莫密于间，非圣智不能用间，非仁义不能使间，非微妙不能得间之实。微哉微哉！无所不用间也。间事未发而先闻者，间与所告者皆死。凡军之所欲击，城之所欲攻，人之所欲杀，必先知其守将、左右、谒者，门者、舍人之姓名，令吾间必索知之。（必索）敌间之来间我者，因而利之，导而舍之，故反间可得而用也；因是而知之，故乡间、内间可得而使也；因是而知之，故死间为诳事，可使告敌；因是而知之，故生间可使如期。五间之事，主必知之，知之必在于反间，故反间不可不厚也。

13·3　昔殷之兴也，伊挚在夏；周之兴也，吕牙在殷，故明君贤将，能以上智为间者，必成大功。此兵之要，三军所恃而动也。